诸生今日中国少年之一部分也，勉之勉之！勿志为达官贵人，而志为爱国志士。

——严修

我们的南开大学

刘景泉 主编

山东画报出版社

济 南

图书在版编目（CIP）数据

我们的南开大学 / 刘景泉主编. -- 济南：山东画
报出版社，2025.3
（老照片·我们的大学 / 陈平原总主编）
ISBN 978-7-5474-4542-6

Ⅰ.①我… Ⅱ.①刘… Ⅲ.①南开大学—概况—文集
Ⅳ.①G649.282.1-53

中国国家版本馆CIP数据核字(2023)第146536号

WOMEN DE NANKAI DAXUE
我们的南开大学
陈平原　总主编

刘景泉　主编

项目策划　赵发国
项目统筹　赵祥斌
责任编辑　赵祥斌　孙程程
装帧设计　王　芳

出 版 人　张晓东
主管单位　山东出版传媒股份有限公司
出版发行　山东画报出版社
　　　　　社　　址　济南市市中区舜耕路517号　邮编 250003
　　　　　电　　话　总编室（0531）82098472
　　　　　　　　　　市场部（0531）82098479
　　　　　网　　址　http://www.hbcbs.com.cn
　　　　　电子信箱　hbcb@sdpress.com.cn
印　　刷　山东临沂新华印刷物流集团有限责任公司
规　　格　160毫米×230毫米　32开
　　　　　8.625印张　280千字　138幅图
版　　次　2025年3月第1版
印　　次　2025年3月第1次印刷
书　　号　ISBN 978-7-5474-4542-6
定　　价　52.00元

如有印装质量问题，请与出版社总编室联系更换。

总　序

陈平原

　　采用散文/随笔讲述你我经历/熟悉的大学历史、故事、人物及精神，这一写作方式，很难说起源于何时何地，但1998年北大百年校庆应该是其迅速崛起的重要契机。此举的最大特点，在于有效地沟通了"文"与"学"——这里所说的"学"，特指教育史、学术史与思想史。你可以追溯到20世纪20年代"任意而谈、无所顾忌"的"语丝文体"，也可以从1979年创刊的"以学识为根基，以阅历、心境为两翼，再配上适宜的文笔，迹浅而意深，言近而旨远"的《读书》杂志说起；当然，还可以像我曾在文章中提及的，以1988年刊行的两本有关大学的"怀旧"图书——中国文史出版社的《笳吹弦诵情弥切——国立西南联合大学五十周年纪念文集》以及北京大学出版社的《精神的魅力》作为切入点。而随着《北大旧事》（陈平原、夏晓虹编，北京：生活·读书·新知三联书店，1998年）、《北大往事》

（橡子、谷行主编，北京：中国文学出版社，1998年）的出版与热销，集合众多零散的老大学师生的私人记忆而成书，这一编撰策略，得到了广泛的认同。紧接着，江苏文艺出版社和辽海出版社组织了"老大学故事丛书"和"中国著名学府逸事文丛"；随后出版的"中华学府随笔"丛书（四川人民出版社）以及"教会大学在中国"丛书（河北教育出版社），走的也是这条路——谈论大学的历史，不再局限于硬邦邦的论说与数字，而是转向生气淋漓的人物和故事［参见陈平原《文学史视野中的"大学叙事"》，《北京大学学报（哲学社会科学版）》2006年第2期］。

其实，"追忆似水年华"，从来都是文人学者写作的重要动力。而对于上过大学或在大学工作的人来说，大学记忆连着青春胎记，历经岁月的酝酿与淘洗，不断地发酵与积聚，终于在某个特定时刻喷薄而出。这种状态下，很容易催生出生气淋漓的好文章。假如你所谈论的大学故事与人物，恰好能折射时代风云，或凸显某种精神境界，那就更有可能赢得满堂掌声。

为了便于读者进入规定的历史情境，也为了保存某些难得的时代气息，20世纪90年代出版的众多有关老大学的图书，大都会用插页方式，印制若干老照片。但那更像是图书的配件与装饰，编写者及出版社都不曾将其作为重要一环来认真经营。

这就说到约略与此同时崛起的另一种出版风尚。1996年底，山东画报出版社的《老照片》一经推出，即以其别开生面的图书样式与回眸历史的新颖视角，引发了风靡全国的"老照片文化热"。如今，该社又别出心裁，策划《老照片》品牌的衍生品——"我们的大学"丛书，选取具有悠久历史、在海内外卓有影响的知名大学，以图文并茂的形式，展现其人文历史与精神风貌。

"老大学"丛书追求的是"文"与"学"的配合，"老照片"丛书则着力"图"与"文"的融通，如今这两条线交会起来，成就了"老照片·我们的大学"丛书。这么一来，可最大限度地兼及图·文·学三者，实在可喜可贺。

天下事，有得必有失，追求五彩缤纷，那就无法执着与凝重。好事你不可能全都占尽，比如知识系统或思想深刻，便非本丛书的工作目标。某种意义上，形式就是内容，既然选择这么一种三合一的图书风貌，除了必不可少的诚实与可信，"好看"应该放在第一位——无论人物、文章还是图像，都必须生动、活泼、有趣。说到底，这不是一字千钧的学术史，也不是正襟危坐的教科书。

如此"好看"的文化读物，拟想读者可不仅仅是各大学的校友，更包括所有对中国大学的过去、现在与未来感兴趣的读书人。

2023 年 3 月 20 日于京西圆明园花园

序

刘景泉

　　南开大学是享誉中外的著名学府，肇始于1904年甲午战败十周年之际，正式开办于1919年五四爱国运动大潮之中，创建者为爱国教育家严修、张伯苓。初创的南开大学秉承"文以治国，理以强国，商以富国"的办学理念，在探索中走出了一条独具特色的"知中国，服务中国"的办学道路，成为20世纪二三十年代中国著名的私立大学。

　　1937年7月29日至30日，南开大学惨遭侵华日军野蛮轰炸，被迫南迁，与北京大学、清华大学组建长沙临时大学，继而再迁昆明，合组举世闻名的西南联合大学，在战火中弦歌不辍，创造了世界教育史上的奇迹。1946年回津复校并改为国立。

　　中华人民共和国成立后，南开大学在党和国家的亲切关怀下进入了全新的发展阶段。毛泽东主席题写校名后，亲临视察；周恩来总理三返母校指导；邓小平同志会见数学大师陈省身，批示成立南开数学研究所；江泽民同志几次来校视察；胡锦涛同志来津接见学校主要领导；特别是党的十八大以来，习近平总书记多次对南开的发展给予肯定，并给师生回信和勉励，更在百年校庆之际亲临南开视察。所有这些，都给全体师生巨大的鼓舞，激励南开人为国家、为民族不懈奋斗。

伴随着国家现代化的发展进程，南开的面貌日新月异。1952 年全国高校院系调整后，南开成为文理并重的国家重点大学。改革开放以来，经教育部和天津市共建支持，南开成为首批进入国家"211工程"和"985 工程"重点建设的综合性研究型大学。2015 年 9 月新校区建成启用后，初步形成了八里台校区、津南校区、泰达校区"一校三区"的办学格局。2017 年，南开首批入选国家"双一流"建设A 类学校。当下，正乘新时代的强劲东风，朝着建设南开品格、中国特色、世界一流大学的宏伟目标努力奋斗。

南开是具有深厚历史文化底蕴的学校。建校百余年来，始终坚持"允公允能，日新月异"的南开精神，弘扬"爱国、敬业、创新、乐群"的光荣传统，以杰出校友周恩来为楷模，作育英才、科技强国、繁荣学术、传承文明，为中华民族伟大复兴做出了重要贡献。

亲爱的朋友，当你翻开这本图文并茂的图书时，就会真切地发现，南开是育人的沃土，也是大师云集的重镇。这里谨撷取一斑，以飨读者。

目　录

南开校父严修

陈 鑫

南开系列学校是严修教育事业的不朽丰碑,南开人称严修为"校父"——这是一个极不平凡的称号。从"校父"两字,可以看出严修之于南开非同一般的意义,以及南开人对严修的感情。

南开人是什么时候尊严修为校父的? 查阅史料可知,这一称呼始于严修刚刚去世时。严修逝于 1929 年 3 月 14 日深夜。3 月 19 日《北洋画报》便披露:"南开诸君拟……尊为'校父'。"31 日,天津教育界召开追悼大会,南开校董颜惠庆致辞,表示:"范

图 1 严修(1860—1929),字范孙,著名爱国教育家,曾任清末翰林院编修、贵州学政、学部侍郎,是积极变革封建教育、推进中国教育现代化的先驱者之一,被尊为"南开校父"。资料照片

孙先生精神上之儿女即南开是。"当时，南开大学校刊《南大周刊》发文表示："先生为本校创办人，堪称校父。"南开中学校刊《南开双周》说："南开之有先生，犹子女之有父母。"正在美国考察的张伯苓对旅美校友说："南开之有今日，严先生之力尤多。严公逝世，在个人失一同志，在学校失一导师，应当尊严先生为校父。"从此时起，校父便成了南开人对严修的专有称谓。那么，严修对南开做出了怎样的贡献，让南开师生、校友感叹"南开之有先生，犹子女之有父母"？我们认为以下六点可作为最主要的原因。

严氏家塾创始肇端

南开学校成立于1904年，但孕育于1898年。张伯苓等早期

图2　1898年，严修聘请张伯苓执教家馆，讲授新学。严氏家馆成为南开系列学校的发源地。南开大学档案馆藏

南开人常常将 1898 年至 1904 年称为南开的"胚胎"或"萌芽"。1898 年是戊戌变法之年，严修因为奏请开经济专科，被老师徐桐逐出师门，被迫离职还家。而严修并没有因为挫折而放弃维新变法的主张。他将精力用在了家塾的改革上，希望以此为一个试验场，尝试培养新式的人才。自此开始了办新式教育的探索，南开学校正是发端于严氏家塾。这也就奠定了严修与南开家人一般的感情基础。

发现并支持张伯苓

毫无疑问，张伯苓是南开系列学校历史上不可替代的重要人物、是南开的创校校长，更是南开精神的主要塑造者之一。但是如果没有严修作为伯乐，张伯苓很难有后来的成就。关于二人与南开的关系，张伯苓曾做过准确、客观的表述，严先生为南开"创办人"，而自己是"承办人"。发现并支持张伯苓是严修为南开做出的最大贡献之一。

1898 年严修离职回津，合并京津两地的家塾。张伯苓原为北洋水师学堂学生，是年因在军舰见习，目睹列强瓜分中国，威海卫两日内国帜三易，他深受刺激，决心脱离海军。此时的严修与张伯苓，都刚刚去职还家，处于失意之中。他们一个为颟顸守旧的当权者所困，一个受耀武扬威的侵略者所辱，两人都怀有一腔报国之志，却一时无处施展，且又都不愿服输，于是共同转向了教育救国。

严修与张伯苓一个是最后一代士大夫中的开明者，一个是最早一批受新学教育的知识人，他们的合作在当时颇具象征意义。

虽然张伯苓没有士绅那样典雅的谈吐，在对传统文化的认识上

图3 1917年，张伯苓（前排右一）入美国哥伦比亚大学师范学院研究教育。1918年，严修（前排居中）等人赴美，与张伯苓一同考察美国大学办学情况，深感高等教育对国家的重要。南开大学档案馆藏

也不免和士大夫有些许隔阂，但严修认定他是办新学难得的人才，并从此合作30年，直至严修去世。张伯苓展现了过人的能力，将南开学校不断发展壮大。与此同时，每当张伯苓遇到困难时，严修都坚定地支持着他，成为张伯苓办学最坚强的后盾。

家仅中资，慨捐巨款

严修是盐商世家，从祖父那一代开始经营盐业，到他父亲时成为天津盐商的领袖——长芦公所的纲总。应该说严氏家境是比较殷

实的，但是比起当时的豪商巨富，也只能算是中等水平。严修的父亲严克宽是天津著名的"善士"，主持了众多地方文教慈善公益事业。在这一方面，严修继承了父亲的衣钵，毫不吝惜捐资办学。尤其是对南开的捐助，严修可谓不遗余力，保障了南开学校早期运行的基本经费。从 1904 年南开中学建校开始，严修每月捐款 100 两，很快又改为 200 两。遇到学校重大建设，严修都有专门资助。即使在政局动荡、自家经济出现困难时，严修仍尽力维持了南开的运转经费。1919 年南开大学建校，严修又积极捐款、捐地，总计价值 2 万余元。可以说，严修确如父亲般呵护着"幼年"南开。

声誉赢得各界支持

不仅个人捐款，严修还在社会上积极为南开奔走呼吁。他的影响可分三个方面一是在政界，严修曾任学部侍郎，是清末重要官员，同时与北洋集团关系密切。严修与政客军阀并非同路人，但他以人格风骨让他们另眼相待，都希望拉拢严修，利用他的美好声誉粉饰门墙。严修拒绝与他们合作，但收下了给学校的捐款。有学生对此表示不满。据说，严修和学生们讲："盗泉之水可以濯足。"这在当时环境下是一种无奈之举，不这样不可能办起自成体系的南开学校。二是在学界，严修更是德高望重的元老。他在维新变法时期便是全国有名的科举改革者，晚清新政中又主持了新教育体系的开创。严修隐退后，教育界主事者多是门生故吏。难得的是，北洋以外的学人也多赞佩严修，引为同道。梁启超、蔡元培、胡适等都给予他高度评价。依靠严修在学界的地位、人脉与声誉，南开得到新旧学

图4 1919年，严修（后排左六）、张伯苓（后排左三）为开办大学南下筹款，在南京与天津同乡合影。南开大学档案馆藏

人的共同支持，获得了优质的师资和办学经验。三是在天津，严修作为士绅领袖，投身天津城市建设和文化塑造，历任地方官和各界人士都对他格外尊重，对南开办学也都给予了非同一般的支持。比如，1904年南开建校之始，就得到邑绅王益孙的支持，与严修共同承担学堂的常年经费。1906年学人郑菊如捐出自己在"南开洼"的土地，使学校获得发展空间，也因此定名南开。正是因为南开创自严修，所以时人给予这所学校格外关注，使南开赢得了有利的外部发展环境。

"公能"校训源自"三尚"

一所学校能够立足于世，不仅要有物质保证，更需要有其独特的校风与学校精神。南开系列学校精神集中体现在校训"允公允能，日新月异"。这一校训虽然是在严修逝世后提出的，但与他的教育思想一脉相承。早在1906年，严修任学部侍郎之初，便组织拟订了近代中国第一个国家颁布的教育宗旨，提出"尚公、尚武、尚实"的原则。他指出"中国之大病"是私、弱、虚，非尚公、尚武、尚实不能治疗。

南开"允公允能"校训提出于20世纪30年代，同样着眼于治"中华民族之大病"，张伯苓对大病则进一步诊断为愚、弱、贫、散、私。而"允公允能，足以治民族之大病，造建国之人才"。要"培养学生爱国爱群之公德，与夫服务社会之能力"，"唯公故能化私、化散"，"唯能故能去愚、去弱"。

对照可知，严修制定的晚清教育宗旨和张伯苓所说的南开办学目的都着眼于治"中国之大病"或"中华民族之大病"，都是本乎国情而定的。对大病的诊断，前者为私、弱、虚，后者进一步概括为愚、弱、贫、散、私。尚公、尚武、尚实与允公、允能就是分别针对这几种"大病"对症下药。"允公允能"实际上与"三尚"同源，只是基于新判断的一种新提法。尚公是指崇尚"爱国合群之理"，尚实是指崇尚"下益民生，上裨国计"实实在在的能力，这与南开培育"爱国爱群之公德"与"服务社会之能力"是完全对应的。而"尚武"一条在南开教育理念中亦不落空，蕴含在"允能"之内。因为

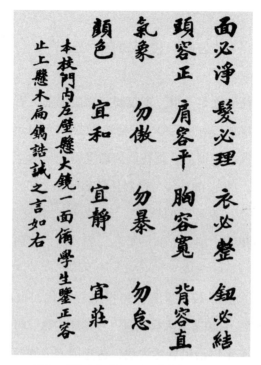

图5 严修手书《南开容止格言》。南开大学档案馆藏

尚武和允能都是为医治中国的"弱"病，而尚武精神实际上转化为重视体育，成为南开五大训练方针之首。

立校宗旨志在爱国

爱国是南开之魂。严修、张伯苓等南开先贤投身教育，就是要育才救国。南开大学成立时定下"文以治国、理以强国、商以富国"的理念,其后又提出"知中国服务中国"的宗旨,要旨是围绕国家需要兴学办学。南开将爱国作为立校之本,追根溯源也是严修提出的。

1908年,南开中学(时名为敬业中学堂)第一届学生毕业,其时严修在北京任学部侍郎,不能亲临典礼,但他发来了书面训词。他指出,目前"国势不振,身家讵能独存"?要改变国势,必须要靠"有志之少年"。严修特别强调:"勿志为达官贵人,而志为爱国志士。鄙人所期望诸生者在此,本堂设立之宗旨亦不外此矣。"这是严修对南开诸生的勉励,也是第一次明确提出南开立校的宗旨就是培养爱国志士。

图6 南开大学初创时的校舍。南开大学档案馆藏

五四运动期间，南开大学首届学生周恩来在天津领导爱国运动，遭军警拘捕。虽然学校被迫让他退学，但严修特设"范孙奖学金"，送其赴欧洲留学。后来，有人告诉严修说周恩来加入了共产党。严修听后表示，"士各有志"，仍然一如既往予以资助。"士各有志"的"志"正是"立志者入德之门"的"志"，也正是"志为爱国志士"的"志"。互文互证，可以读出严修的深意，培养周恩来这样的爱国志士，正是他办学的初心。因此他才会如此钟爱周恩来，并坚持以个人名义支持周恩来。

以上是严修对南开学校的六项主要贡献，既包括物质层面，也包含精神层面。此外，严修还是南开早期制度章程、发展战略的审定者，南开重视体育、话剧、音乐的传统也都与他有密切关系。他赋予这所学校以生命，同时为学校提供了思想与精神的渊源。严修对南开的意义，恰如同父亲之于子女。唯其如此，南开人尊严修为"校父"。

作者为南开大学党委宣传部副编审、校史研究室主任，天津严修研究会理事长、张伯苓研究会副理事长，著有《南开校父严修画传》，整理出版《严修集》《严修日记》等。本文选自陈鑫、郭辉：《南开校父严修画传》，中华书局 2019 年版。收入本书时做了摘录。

爱国进步、教育先驱张伯苓先生

梁吉生

张伯苓是旧中国民办教育的典范。他先后创办南开中学、南开大学、南开女子中学、南开小学和重庆南开中学，一生从事爱国教育事业，对我国近代教育的发展做出了重大贡献。他在长期办教育过程中，积累了丰富的经验，提出了一系列科学主张，形成了独具特色的教育思想，这些都是中国教育理论的宝贵财富。

一

张伯苓 1876 年生于天津，早年毕业于著名近代启蒙思想家严复任校长的北洋水师学堂。青年时期，他身历目睹了清政府的腐败、甲午战争失败后帝国主义列强对中国的侵凌、国家和民族遭受的屈辱，于是愤然脱离北洋海军从事教育，立志要为中国的独立富强造就新

图1　张伯苓（1876—1951），名
寿春，以字行，著名爱国教育家，南
开系列学校创校校长，毕生践行教育
救国，为国家培养了众多杰出人才，
被誉为"中国现代教育的创造者"之一。
南开大学档案馆藏

型人才。自此以后，反帝爱国成为
张伯苓始终依循的办学思想。

　　首先，张伯苓坚持独立办学，
反对外国势力插手南开学校。长期
以来，南开作为民办学校，经费来
源主要是学生缴纳学费和社会捐款。
张伯苓从不拒绝国内外有识之士的
慷慨捐输，但是坚决反对某些外国
势力借"施舍"经费控制学校。有
一个时期，张伯苓办学非常困难，
外国教会很想把他办的南开变成教
会学校，主动表示资助，他不为所动。
1929年张伯苓去美国募捐，临行前
他明确表示："我们之募捐，既非
投机性质，又非教会学校之受人限制，南开之所以为南开，自有它
的荣耀之历史。余此次出去，最大之目的，是使外人认识南开，决
不受任何有限制之募款。"一些美国人不得不承认，张伯苓所取得
的办学成就，主要是靠中国人的自力更生，并说创办私立大学，张
伯苓是一个拓荒者。

　　张伯苓对外国传教士把持中国的体育运动会表示强烈不满。当
他负责筹备第10届华北运动会时，果断决定从筹办到运动会举行，
不再听凭外国人颐指气使，从裁判到一般工作人员，均由中国人担任，
比赛用语不准使用以往惯用的英语。张伯苓的这一决定，大长了中
国人的志气。当时《大公报》就此写道："自是而后，华北体育界

乃大放曙光，纯为独立国家之体育机关矣。"

20世纪二三十年代，面对日本对中国的侵略，张伯苓表现了最鲜明、坚定的立场。当时日本在天津设有租界，日本兵营就设在南开学校附近。日本兵经常肆无忌惮地到大学教学楼前打靶，南开师生深受日兵骚扰之苦。对此，天津市当局不敢反对，而张伯苓却敢向日本侵略者公开抗议。他经常向师生们说：只有赶走日本人，中国才能独立富强。他在南开大学成立东北研究会，组织教授亲赴东北调查日本的侵略事实，回校后编印了《日本问题专号》，揭露日本侵略东北的野心与罪行，并在出席太平洋国际学会会议时，公开批驳日本代表的谬论。"九一八"后，日本占领东北，抗日救亡斗争更加如火如荼。张伯苓出任天津抗日救国会领导，发动各界声援东北同胞，并在南开大学接收失去祖国的朝鲜青年和流亡关内的东北大学生。长城抗战开始后，他多次致函前线抗日将领，慰勉“努力杀敌，为国争光”。同时，还多次组织南开师生携带大批慰劳品赴前线慰问，当时就连厦门大学救国会也委托张伯苓代购衣物、药品送往前线。

张伯苓认为，面对日本不断升级的侵华恶行，国民不应悲观，民族不要颓唐，全国人民要团结起来，御侮抗敌，国民党应当停止内战。为此，他甚至打算亲赴江西苏区与共产党接触，推动国共两党联合抗战。他的学生周恩来听到这一消息，特地致函，赞扬老校长张伯苓的抗日爱国热情。

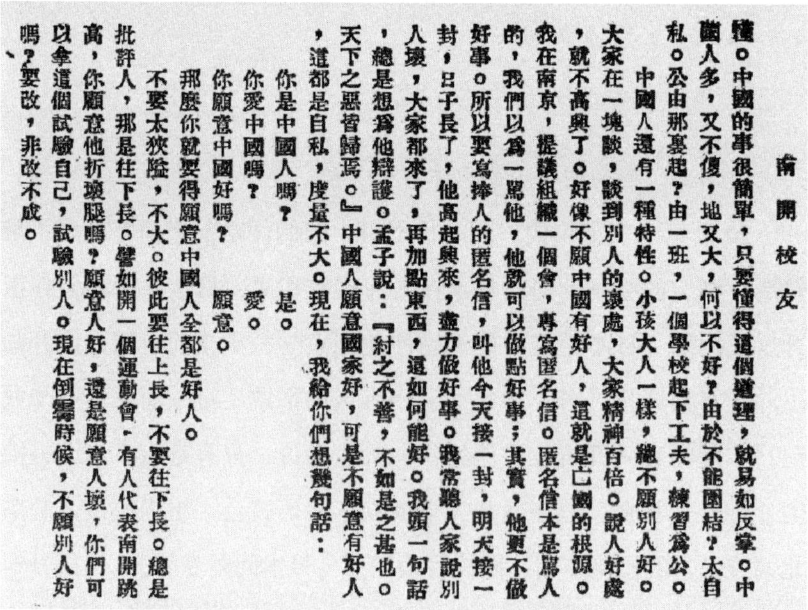

南開校友

懂。中國的事很簡單，只要懂得這個道理，就易如反掌。中國人多，又不傻，地又大，何以不好？由於不能團結？太自私。公由那裏起？由一班，一個學校起下工夫，練習爲公。

中國人還有一種特性。小孩大人一樣，總不願別人好。大家在一塊談，談到別人的壞處，大家精神百倍。說人好處，就不高興了。好像不願中國有好人，這就是亡國的根源。我在南京，提議組織一個會，專寫匿名信。匿名信本是罵人的，我們以爲一罵他，他就可以做點好事；其實，他更不做好事。所以要寫捧人的匿名信，叫他今天接一封，明天接一封，日子長了，他高起興來，盡力做好事。我常聽人家說別人壞，大家都來了，再加點東西，這如何能好。我頭一句話，總是想爲他辯護。孟子說：『紂之不善，不如是之甚也。天下之惡皆歸焉。』中國人願意國家好，可是不願意有好人，這都是自私，度量不大。現在，我給你們想幾句話：

你是中國人嗎？　是。

你愛中國嗎？　愛。

你願意中國好嗎？　願意。

那麼你就要得願意中國人全都是好人。

不要太狹隘，不大。彼此要往上長，不要往下長。總是批評人，那是往下長。譬如開一個運動會，有人代表南開跳高，你願意他折壞腿嗎？願意人好，還是願意人壞，你們可以拿這個試驗自己，試驗別人。現在倒霉時候，不願別人好嗎？要改，非改不成。

图3　1935年，张伯苓在南开大学开学典礼上提出“爱国三问”，振奋了师生的爱国斗志。南开大学校史研究室提供照片

张伯苓作为爱国教育家，不仅以个人言行实践其崇高的爱国志向，更以爱国思想造育人才。他把爱国主义教育置于学校思想教育的核心地位，视为青年学生道德修养的最高境界，看作培养人才的第一要义。他说："广义言之，学校则教之为人，何以为人？则第一当知爱国。"

在他主持下，南开建立了一套完整的、生动有效的爱国教育制度。他经常利用学校的"修身课"及其他一些集会，亲自对学生讲清朝末年的内忧外患、丧权辱国的惨痛历史，讲帝国主义侵华的历史，特别是日本奴役掠夺天津人民的罪行。张伯苓富于感染力的爱国讲演，"其言极其痛深，其感人至矣。同学少年受此剧烈之感触，顿有坐立难安之势"。为了增强学生的切身感受，他组织学生到天津的日本租界了解日本人开设鸦片行、妓院、赌局毒害中国人民的情况，到天津海关调查外国掠夺中国农产品的情况，使青少年把爱国感情与反对外国侵略、争取国家独立联系起来。

二

近代中国，社会急速转型，处于一个重要历史时期，在新学与旧学、中学与西学的激烈撞击过程中，如何对待封建文化和西方文化，从而建立自己的办学指导思想，是对每一个教育家的严峻考验。

张伯苓作为教育实践家，通过自己的办学过程认识到，中华民族的优秀传统文化必须发扬光大。他说："整理中国固有之文化，摘其适合于现代潮流者，阐扬而光大之，奉为国魂，并推而广之，以求贡献于全世界。"直到晚年，他还一再强调：中国的古老文化，与各国比较，各有短长，"我人绝不能丢弃"。他认为封建专制主义教育钳制人民思想，其造成的后果是：其一，"国人深中八股文之余毒，民性保守，不求进步"；其二，"教育不普及，人民多愚昧无知，缺乏科学知识，充满迷信观念"。为了痛矫时弊，必须发展新式教育。为此，他多次去欧美考察教育，并在 41 岁时，放弃中学校长职位，到美国留学深入研究西方教育理论。最初张伯苓仿效日本教育，继之以美国教育为圭臬，走过不少弯路，在痛苦的教训中，逐步认识到教育与社会的密切关系，认识到近代中国教育的根本问题是不适应中国国情的需要。他说，教育不振固然为中国之病症，教育不能联系中国国情，尤为中国之大病。因此，明确提出："教育宗旨不可仿造，当本其国情而定。"

对于学习西方教育，张伯苓也在总结经验教训的基础上得出明确结论。他说："我们取法的，只是他们的科学方法和民治的精神的使用，而不是由科学方法和民治精神所产生的结果。所以我们说，欧美的方法尽管学，欧美的制度则不必样样搬来。要搬，也须按照环境的情况而加以选择。"这是张伯苓找到的学习西方教育的正确道路，它既反对"全盘西化论"者，也不与封建复古主义者为伍，张伯苓的教育思想是处于同时代教育家前列的。

随着这一教育思想的转换，张伯苓在 20 世纪 20 年代后期为南开大学制定了新的"发展方案"，确立了新的办学指导思想。他特别强调指出，中国大学教育目前的要务，是要从办学体制、办学思想、教育教学方法、教学内容以及教科书使用等方面，摒弃"概皆洋化"，而实行"土货化"。所谓"土货化"，即从中国的社会实际出发，学习"关于中国问题之科学知识"，培养"中国问题的科学人才"；所

图4 1919年9月25日，南开大学开学纪念合影。南开大学档案馆藏

谓"土货化"南开，"即以中国历史、中国社会为学术背景，以解决中国问题为教育目标的大学"。

张伯苓特别重视学生实际能力的培养。他说："南开的教育目的，就在于培养具有现代化才能的学生，不仅要求具备现代化的理论才能，而且要具有实际工作的能力。"他告诫学生"勿只信教员，勿尽依学长"，要练习自动、自治能力。他反对学生读死书，反对学校成为只是单纯灌输书本知识的场所，使学生成为书本知识的俘虏，在教育效能的评鉴上，应是德智体美四育并进而不偏废。为此，他积极倡导学生的课外活动，组织师生编演话剧，他亲自编导并和师生一起参加演出，在他的积极推进下，1914年学校正式成立"南开新剧

图 5 张伯苓为学生足球比赛开球。南开大学档案馆藏

团"，此后几十年久盛不衰。中国话剧史上第一个创作剧本诞生在南开，中国话剧史上第一位专职导演，也是从南开走出的，杰出戏剧家曹禺也是南开新剧团培养出来的。张伯苓既是中国教育的先行者，也是中国话剧的先驱。

张伯苓还把体育运动看作防止学生死读书的重要措施，看作学生德智体美全面发展的重要组成部分。他说："教育里没有了体育，教育就不完全"，并且主张"不认识体育的人，不应该做校长"。在他的重视和倡导下，南开的体育非常普及，成为旧中国最注重体育的学校，曾经涌现出一批优秀运动员，在华北运动会、全国运动会以及远东运动会都取得过优异成绩。张伯苓历任天津体育协进会名誉会长、华北体育联合会会长、中华体育协进会理事长，并多次担任全国运动会总裁判，成为旧中国体育运动的一面旗帜、中国近代体育精神的象征。

三

正当张伯苓创办的教育事业兴旺发展时，1937年七七事变发生，日本发动大规模侵华战争，日本侵略者一向仇视张伯苓的抗日爱国言行，把南开看作"反日机关的总部"，必欲去之而后快。7月底日军

图6 1939年，张伯苓（前排居中）赴昆明西南联大时与在校南开大学教职员工合影。南开大学档案馆藏

首先轰炸南开大学，美丽校园化为焦土，南开中学等也遭毁掠。张伯苓34年苦心经营的学校，一朝毁灭，但侵略者的炮火摧不垮62岁的坚强老人，他立即组织师生南迁，在昆明与北京大学、清华大学合组西南联合大学，在大后方坚持抗战教育，继续为国家培养人才。

经过多年浴血抗战，中国人民战胜日本帝国主义。张伯苓不顾年老多病，领导南开师生复员返津，在一片废墟上重建大学和中学，并拟在全国几个城市建立南开分校。张伯苓兴办教育事业的忘我精神，受到海内外钦敬。美国哥伦比亚大学等授予他名誉博士学位。

随着解放战争的胜利推进，张伯苓对国民党政权有了进一步认识。重庆解放前夕，他几次拒绝蒋介石、蒋经国的催请，坚决留在大陆不去台湾，并执意辞去南京政府考试院长职务。重庆解放，正在病中的张伯苓以喜悦的心情迎接这一伟大历史变革。1950年他回到北京，受到周恩来总理热情接待，新中国的独立外交政策、清除贪污和重视经济建设等举措，使张伯苓受到鼓舞教育，他称赞人民政府的英明领导，感佩人民政府开展的爱国主义教育，他对在新的历史条件下发展南开教育满怀希望和信心。1951年他在弥留之际还嘱咐"友好同学，尤宜竭尽所能，合群团结，为国为公，拥护人民政府"。张伯苓是一位追随时代不断前进的教育家，他的一生是进步的、爱国的一生，是无私献身教育事业的一生，人民永远不会忘记他。

作者为南开大学教授、校史研究专家，著有《允公允能日新月异——南开大学校长张伯苓》《张伯苓年谱长编》等。本文选自梁吉生：《意蕴南开》，南开大学出版社2019年版。收入本书时做了摘录。

南开大学元老黄钰生教授

申泮文

黄钰生的名字是和南开大学紧紧联系在一起的。他长期担任南开大学秘书长，辅佐校长张伯苓，全面主持南开校务；七七事变后，他组织员工长途跋涉抵达昆明，代表南开与北大、清华两校通力合作，创建了战时著名的西南联合大学，并多年担任西南联大师范学院院长，为国家培养了大批师范人才；抗日战争胜利后，又在一片废墟上主持了南开大学的重建工作，使南开得到恢复并有所发展；天津解放前夕，

图1 黄钰生（1898—1990），著名教育家、图书馆学家。1925年受聘为南开大学教授，历任南开大学秘书长，西南联大建设长、师范学院院长，天津市图书馆馆长等职，为我国高等教育事业做出重要贡献。南开大学档案馆藏

带领员工英勇护校,将南开大学完整无缺地献给人民政权。1952年后,担任天津市人民图书馆馆长,为天津乃至全国图书馆事业的发展作出了新的贡献。

作为黄钰生教授的学生和同事,我在黄老的领导下与他共事多年。我怀着无限崇敬的心情,把他光辉的一生介绍给广大读者。

主持校务　强调从严治校

南开大学是中国著名爱国教育家张伯苓先生于1919年创办的,是南开学校教育体系的主要组成部分,为办好南开大学,张伯苓改变一般大学设教务长、总务长、训导长、校长办公室主任等多种职务的办法,只设秘书长一人,在校长领导下,统管全校公务。他聘请自己的得意门生、美国芝加哥大学教育与心理学硕士黄钰生来担任这个重要职务。黄钰生不负恩师重托,在20多年的秘书长岗位上坚决贯彻张伯苓的教育思想,把南开办成全国一流高校。黄钰生向学生讲办大学的宗旨时说:"办大学是干什么的?简单地说,一是润身,一是淑世。润身是充实自己,提高个人道德素养;淑世是用润身所得去改造社会。"他又说,南大相信的只有两件事,人格与学问,到南开来要读书,要做实验,要守规矩,要受考试,怕难的不要来,好奉承的不必来。

根据这种指导思想,他强调从严治校,强调基础知识,注重能力培养,提高学生质量,厉行淘汰制,绝对杜绝舞弊。后来形成了南开的"三严"原则,即严谨的治学态度,严格的教学管理,严肃的工作作风。在黄钰生严格管理下,南开大学的办学秩序井然,教

图2 1923年，南开同人在学校百树村合影。右一为黄钰生，右四为张伯苓，右二为张克忠。南开大学档案馆藏

学质量不断提高。

为了提高教学质量，黄钰生特别注意教师队伍的建设。既重视延聘高水平人才，又重视培养新进。到30年代，受南开大学之聘来校任教的美国留学生比重越来越大。这里面包括蒋廷黻、姜立夫、江泽涵、饶毓泰、邱宗岳、杨石先、何廉、方显廷等国内外知名学者。他们济济一堂，在南开执教，提高了南开大学在当时高等教育界的知名度和地位。

正是因为贯彻了从严治校的方针，南开大学在抗战前办学的短短十几年成绩斐然，能与国内驰名高校为伍，毕业生的成绩单，被美英等国的大学承认，准予入学攻读高级学位。

日军入侵　组织师生南迁

1937年七七事变爆发，7月29日，日军对天津市实施了野蛮的炮击、飞机轰炸、抢劫和纵火等暴行，南开大学、南开中学、南开女中和南开小学局部或大部分被毁。当时不少师生已撤往南京、长沙或重庆，黄钰生带领几位职工和少数学生在日军已占领天津之后仍留守南开大学，本想找船搬走学校一些贵重图书等物品，但日军对学校不停地进行炮击，留守已无意义，他们只好冒着密集的炮火突围撤退。

黄钰生8月中经海路转往南京，见到校长张伯苓，从口袋里拿出一串钥匙对张伯苓说："校长，我未能保护好南开大学，但我把南开各楼室的钥匙全部给您带回来了。"张伯苓热泪盈眶，紧紧握住黄钰生的手说："子坚，你辛苦了！"

国民政府教育部令北大、清华、南开三所大学在湖南长沙组成长沙临时大学，并于1937年11月1日开学。但侵华日军继续南下，南京沦陷，武汉危急，长沙不断受到日机轰炸，临时大学学业难以继续，国民政府教育部即命令长沙临时大学西迁昆明。1938年2月，"临大"开始西迁入滇，除大部分师生由海路经越南去云南之外，另组织一支由244名学生、11名教师组成的队伍，以步行行军形式横跨湘、黔、滇三省去昆明，取名"长沙临时大学湘黔滇旅行团"，11位教师中包括闻一多、曾昭抡、黄钰生、袁复礼等著名教授，并由他们组成湘黔滇旅行团指导委员会，黄钰生任主席，负责具体领导工作。

图3 长沙临时大学"湘黔滇旅行团"辅导团成员合影。居中站者为南开大学秘书长黄钰生，蹲者为闻一多。南开大学档案馆藏

要把这支200多人的队伍安全地带到昆明，任务十分艰巨。旅行团的经费管理、行军路线、宿营、伙食安排，事无巨细，黄钰生都要亲自筹划和指挥，例如旅行团的经费，不能带汇单或支票，必须带现金，这笔现金既有钞票又有银圆，如有任何闪失，全团人马就寸步难行。黄钰生考虑到关系重大，就不顾自己已是40多岁的人，亲自负责，携带这笔钱徒步行军。他用一条有夹层的长布带子，把钱款装在里面，然后把布带缠到腰际，外面再穿上学生的服装，跟学生一样，一步一步地走到昆明。后来他谈到此事时自嘲地说："那时我是腰缠万贯下西南啊！"

在旅途中，黄钰生十分强调北大、清华、南开三校学生之间的

团结。他经常说三校是一家，同学之间要好好团结，大家相处久了就互相了解了。他对南开的学生要求更严，南开同学与外校学生发生争吵，他首先严厉批评南开学生。

黄钰生以身作则的精神，更为旅行团的员工普遍称赞。200多人的集体中，按年龄他是最长者，按地位他是一团之长，然而却没有半点特殊化，与学生吃一锅饭，同住地铺，同样跋山涉水。天还没亮，他最先从地铺上爬起来；晚上，别人已经打鼾，他还在煤油灯下听汇报、处理当天的事务，计划明天的行程。

在以黄钰生为首的指导委员会精心组织指挥下，湘黔滇旅行团历时 68 天，行程 1671 公里，终于在 1938 年 4 月 28 日到达昆明，

图 4　1938 年，黄钰生（右一）与南开大学全体旅行团团员在贵州盘县。南开大学档案馆藏

受到先期到达的三校师生和昆明各界人民的盛大欢迎。至此，北大、清华、南开三校师生全部到达昆明，由长沙临时大学更名的西南联合大学诞生了。

协力同心　建设西南联大

长沙临时大学湘黔滇旅行团还没有出发之前，黄钰生就已经接受了筹备之中的国立西南联合大学的具体任务，被校委会指定为西南联大建设长，到昆明后就要承担起建设西南联大校舍的重任。

西南联大在昆明匆匆成立，可以说是白手起家，校舍一无所有。后来由黄钰生出面，在昆明大西门外低价购得荒地120亩，并在他主持下规划、设计和建造了茅草屋顶土坯墙的宿舍和铁皮顶简易教室，形成了联大的"新校舍"（北区），后不久又建造了马路对面的简易理科实验室（南区），这样，西南联大算是有了自己的教学基地。

就在西南联合大学成立的当年秋季，西南联大决定增设师范学院。增设之前，由黄钰生担任筹备组主任，增设之日，又由他担任师范学院院长，而此一任就连续8年。1938年8月16日黄钰生收到师范学院院长委任电令时，师范学院是一张白纸，他需要解决诸如校舍、系科建设、教师队伍、经费、学生来源等一系列问题。首先求得云南省教育厅的特别支持，黄钰生租借到大西门外文林街昆华中学旧址为校舍；经费请求教育部增拨；与云南大学和西南联大文学院达成协议，将云大的教育系及师生和西南联大的哲学教育心理系及师生划归联大师院，再面向社会招生，解决了学生来源问题。师院设置了国文、外国语文、史地、公民训育、算学、理化、教育等 7 个系，完成了师院建制，同时也最后完成了西南联大的建制。至此，西南联大共有 5 个学院 26 个系，成为抗战时期国内规模最大、系科专业最齐全的高等学府。

西南联大和联大师院不但在当时推进了云南地区文化教育事业的发展，而且为西南地区教育事业后来的发展奠定了基础。因此，人们赞扬黄钰生教泽遗爱永留西南边陲，对他表示深深的怀念。

再建南开　校产移交人民

经过艰苦奋战，抗日战争终于胜利结束了。这时，黄钰生曾短时间内被推荐担任了 4 个月的天津市教育局局长，因工作不顺利，很快仍回到南开工作，主持南开大学北迁和南开大学昆明办事处的结束事宜。黄钰生和南开大学教职员一道，于 1946 年 9 月回到天津，开始了南开大学在废墟上的重建工作。

重建工作是艰巨的。经过黄钰生和南开大学的一批老教职员的艰苦奋斗，只用了不到半年时间，南开大学复校开学的校舍条件已经初步具备了。1946 年 10 月 17 日南开校庆日，举行了激动人心的正式开学典礼。南开大学又有了一个新的开始。

在黄钰生主持下全面恢复的南开大学，设立了文学、理学、工学和政治经济等 4 个学院 16 个系。由冯文潜、邱宗岳、孟广喆和陈序经分别任院长，黄钰生继续担任秘书长。翌年，杨石先教授从国外归来，出任校务委员会主席。由国外新聘的多位知名教授相继到校，加强了师资力量。到 1947 年，教学和师生人数都较前有所

图5 抗战胜利后南开大学北返复校，于1946年10月17日举行开学典礼，前排左四为黄钰生。南开大学档案馆藏

发展。至此黄钰生肩负的复员重建南开大学的重任，算是比较圆满地完成了。

1948年冬，人民解放军逼近天津市，天津解放在即。为了防止国民党反动派对南开大学的破坏，在地下党的领导下，南开大学学生会、教授会、讲助会和职工会联合组成"南开大学安全委员会"，他们与校行政负责人杨石先、黄钰生共同负责，保护南开大学完整无缺。

12月27日，国民党教育部电令南开大学安排部分教授"离津南飞"，并给黄钰生送来飞上海的机票6张，示意黄带领几位教授飞上海转台湾。黄钰生一笑置之，不予理睬，其他教授也都大义凛然，郑重宣布不离开天津，迎接解放，迎接新中国的诞生。

1949年元月15日，解放军胜利解放天津。南开大学全体师生员工高举毛主席和朱总司令巨幅画像，载歌载舞，参加了天津市人民欢庆解放的大游行。南开大学从此开始了新的生命。

作者为教育家、化学家、中国科学院院士、南开大学教授，系黄钰生先生的学生兼同事。本文选自申泮文主编：《黄钰生文集》，百花文艺出版社2009年版。收入本书时做了摘录。

南开才子张彭春

龙 飞

一

张彭春是张伯苓校长的胞弟，1892年4月22日生于天津。当时父亲张久庵已经59岁，年届花甲又得一子，不禁欣喜万分，给婴儿取乳名"五九"作为纪念。后来家人把"五九"叫着叫着就叫成了"九儿"。"九先生"的雅号即由此而来。

1904年，张彭春成为南开中学堂第一届学生，与后来的清华大学校长梅贻琦是同班同学，也是好友。

张彭春于1910年参加清华第二届"庚款"留学生考试。全国有400多名学生应考，最后录取72人，他以第十名成绩考中，与胡适、赵元任等赴美留学。张彭春进入克拉克大学攻读教育学和哲学，课余的兴趣是研究戏剧。他最喜欢挪威剧作家易卜生，自称正是由于

图1　张彭春（1892—1957），教育家、戏剧活动家、外交家，被誉为"南开大学的计划人""北方现代话剧的奠基人"，参与起草《世界人权宣言》，是世界人权体系的重要设计师。南开大学档案馆藏

易卜生，使他爱戏剧胜于爱哲学。

1915年，张彭春获哥伦比亚大学硕士学位，在中国留美学生联合会工作了一年。回天津后，他被南开学校委任为专门部主任。

这时的张彭春风华正茂，风度翩翩。大家叫他"九先生"，年长者和熟人直呼他"张九"，学生们称他"九先生"，背后也叫他"张九"。

当时南开的新剧活动正蓬勃开展，每逢节日都要演戏，成为学校的传统。由于九先生擅长戏剧早已名声在外，立即被推选为新剧团副团长。他上任后没有辜负大家的厚望，将学校的新剧活动推上了发展的新阶段。当时国内还没有建立导演制度，九先生将西方正规的导演制度用于南开新剧团。

南开大学建成于1919年。在创办大学的工作中，张彭春作出很大贡献。早在1916年他就提议创办大学，这与张伯苓、严修的想法不谋而合，因此被任命为南开大学筹备课主任，起草《南开大学计划书》，被张伯苓称作"南开大学的计划人"。

张彭春不仅是创办南开大学的倡议人，重庆南开中学的建成也得益于他。1936年华北局势危急，张伯苓萌生了在后方建立南开分校的想法，他同弟弟商量，张彭春认为最好的地点是西南一带。张

图2 1946年秋,张彭春(右)在美国纽约船上与张伯苓合影。
张伯苓研究会提供照片

伯苓接受了这个建议，很快就在重庆郊区沙坪坝创办南开分校，后改名为重庆南开中学。

1917 年张伯苓为创办南开大学赴美进修、考察一年，委托 25 岁的弟弟担任代理校长。

为适应大学部的教学要求，张伯苓资助弟弟出国深造。张彭春于 1919 年进入哥伦比亚大学攻读博士学位，师从杜威。

二

1923 年张彭春回国，被聘为南开大学教授，在哲学教育系执教，兼任中学部代理主任。课余，他依然为南开新剧团倾注心血，把易卜生的《国民公敌》《娜拉》、莫里哀的《悭吝人》、王尔德的《温德米尔夫人的扇子》和契诃夫的《求婚》等世界名剧搬上南开舞台。

排演《国民公敌》时，张彭春忽然接到直隶督办、奉系军阀褚玉璞发来的禁演令。此人土匪出身，野蛮愚昧。他听说南开排演了一个姓易的人所写叫《国民公敌》的戏，一口咬定这个剧是攻击他的。大家看到这纸命令，觉得既可气又好笑，但也无可奈何，只得停排。而九先生却不甘心就此罢休。转年 3 月是易卜生 100 周年诞辰，他渴望演出此剧，以纪念这位近代戏剧之父。经过一番思考，他将剧名改为《刚愎的医生》，戏就顺顺当当演出了。九先生同他的哥哥一样，绝顶聪明，足智多谋。这件事让大家长了见识，看来剧名是大有学问的。

张彭春任中学部主任时，一天下午，通知全体学生到大礼堂。学生们只见九先生拿着一张唱片，讲台上放着一台留声机，大家猜

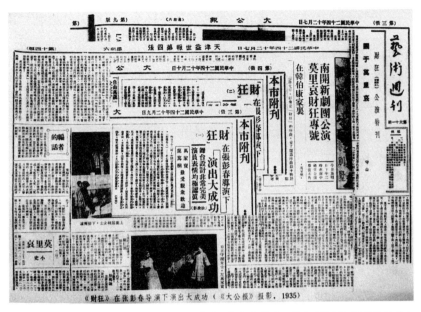

《财狂》在张彭春导演下演出大成功（《大公报》报影，1935）

图3　南开师生在张彭春导演下演出《财狂》大获成功。图为1935年12月7日《大公报》报道。南开大学档案馆藏

不透今天要开什么会。当全体学生坐好后，九先生说："今天请大家来听一支歌，歌名叫《伏尔加船夫曲》，是由当今世界最优秀的俄罗斯男低音歌唱家夏里亚宾演唱的。"然后简略介绍了船夫们唱歌时的自然背景，把学生们带到歌曲的境界里。这时全场鸦雀无声，留声机开动了，歌声由远而近……听众仿佛看见波涛汹涌的伏尔加河，载着沉重货物的船只和那些步履艰难的纤夫。纤夫们唱着悲壮的歌儿来了，来到人们面前，然后又拖着货船吃力地走了，渐渐远去。他们的歌声也越来越微弱，最后终于完全听不见了。唱片播放完毕，九先生宣布散会，可是许多学生都没有动，他们还痴痴地陶醉在夏里亚宾的歌声里呢。

1931年英国文学系成立，张彭春应年轻系主任柳无忌聘请，讲授他最拿手的"西洋戏剧"。他的英语地道而流畅，并对易卜生、莫里哀等大师有深入、独到的研究，讲起课来绘声绘色。学生们听得入迷，甚至不愿下课。

张彭春两次协助梅兰芳到国外演出。1930年梅兰芳在美国演出，张彭春任剧团顾问兼总导演；另一次是1935年梅兰芳访苏演出。

最初，美国观众因听不懂戏词，中途退场的现象屡有发生。张彭春便帮助梅兰芳挑选剧目，挑选那些适合外国人观看的剧目。另外，他在每场开演前，身穿礼服出现在舞台上，用英语向观众讲解中国戏曲的特点，并对即将演出的剧目内容作一个简明介绍。这样一来，观众对剧情有所了解，演出效果极好，局面一下子就被这位长着聪明大脑袋的九先生扭转了过来。

1935年，苏联政府邀请梅兰芳以国宾身份赴苏演出，梅兰芳再次聘张彭春为梅剧团顾问兼总导演。当时剧团有一名武生，觉得张彭春是搞话剧的，对让他来当京剧导演有点不服气，排戏时就故意"泡"。张彭春耐心地一遍遍教。最后那个武生心服了："敢情张先生还真有两下子！"别人笑道："你这才知道！连梅大爷都得听他的！"

三

抗日战争爆发，张彭春应政府聘任，赴欧美等国争取外援。1940年调入外交部，先后担任中国驻土耳其公使和驻智利大使。1946年，张彭春作为中国代表参加联合国大会。1947年，在联合国人权委员会第一次会议上，罗斯福夫人当选起草委员会主席，张彭春当选唯一的副主席，与罗斯福夫人共同主持起草《世界人权宣言》。

人权委员会由18个不同政治、文化、宗教背景的成员所组成。在《宣言》的起草过程中，时常会发生分歧。张彭春能成功地调解争端，化解矛盾。在起草一次次陷于僵局时，是他用中国文化理念解决了《宣言》起草中的许多难题。最终，张彭春发挥关键作用，制定出一份具有普遍意义的《世界人权宣言》。

张彭春深得罗斯福夫人的赞赏："张博士是一位多元主义者，他动人地解释着他的主张，即最后的真理不止一种。他说，《宣言》应当兼顾西方思想以外的其他思想，秘书处不妨花几个月工夫研究一下儒家的主要学说。"

1948年12月10日，联合国大会以48票赞成、0票反对、6票弃权，

图4 张彭春（前排左一）与世界人权委员会主席、美国罗斯福总统的夫人埃莉诺·罗斯福（前排左二）在世界人权会议上。张伯苓研究会提供照片

图5 抗日战争全面爆发后，张彭春受国民政府委派，赴英美等国家宣传抗日，争取外援。图为张彭春（左三）与张伯苓（左四）、梅贻琦（左二）等人在西南联大合影。

通过这份历史性文件。《宣言》的通过标志着人类完成了一项史无前例的壮举，人类的人权事业从此进入一个崭新阶段。

张彭春因心脏病日益恶化，1952年6月辞去在联合国的所有职务。他曾经的同事、联合国人权司司长汉弗莱写道："张彭春是一位学者，也是一位艺术家，在这些过人的天赋外，他还展现了外交才能。相比于那些随波逐流者，张彭春是一位伟人。"

张彭春被誉为杰出的中国人权活动家。由于历史的原因，他一生的业绩在国内曾一度被埋没。

四

晚年，九先生在纽约过着悠闲的退休生活，高兴起来也哼几句"梅派"，并以文学、音乐为消遣。他收藏有大量西洋古典音乐唱片，经常陶醉在贝多芬、肖邦等大师的音乐王国中。有时他也教南开校友的子弟读唐诗。一次，他在纽约某电视台讲授中国音乐，引用了白居易的《琵琶行》中的诗句："大弦嘈嘈如急雨，小弦切切如私语。嘈嘈切切错杂弹，大珠小珠落玉盘。"他将诗译成英文，来形容琵琶弹奏出的动人声音。

总之，九先生的晚年生活丰富多彩，唯一缺憾就是再没机会排戏了。

1957年7月19日，张彭春因心脏病突发，溘然长逝。一代才子65岁谢世，显然过早，令人深感痛惜。

早年，张彭春在回忆自己的人生经历时说："个人三十多年来，有时致力于教育，有时从事外交，也有时研究戏剧。表面看来似乎所务太广，其实一切活动，都有一贯的中心兴趣，就是现代化，也就是中国怎么才能现代化。"

张彭春对自己的一生总结得恰到好处。他是那个时代的一名忧国忧民的知识分子，为实现祖国的现代化，他通过教育、戏剧和外交等多种活动，奉献出毕生的精力与才智。

作者为南开大学教授、校史研究专家，合著有《张伯苓与张彭春》《南开骄子》等。本文原载于《南开大学报》第1432期，2022年5月15日。

辅佐张伯苓的 "四大金刚"

侯 杰 秦 方

    1929年，在庆贺南开学校二十五周年校庆时，张伯苓曾说："我只有一个头脑。如果没有强健的臂膀，那么空有头脑又能有什么作为？"他在说这句话时，着重提到了南开学校的有功之臣喻传鉴、华午晴、孟琴襄、伉乃如。这四位人士，就是赫赫有名的南开"四大金刚"，他们辅助张伯苓在南开学校创造了一系列辉煌，具体实施了张伯苓的许多理想，成就了南开，也赢得了南开人的尊重。无怪乎有人说："南开之成功在于稳定，而稳定的关键在于有这四根台柱。"

    孟琴襄（1884—1969），号广进，天津人，是私立中学堂高级师范班的第一届学生，从1908年起便任职于南开，先后担任事务主任、庶务主任，负责南开学校总务部门，担当着十分繁重的行政工作。孟琴襄粗中有细，因为外表憨厚，大家亲切地给他取了一个不太雅观的绰号"傻孟"。实际上，大家都很尊重他，知道他是一个办事相当周到细致的人。南开学校的大事小情，在孟琴襄的手中都能得到合理的安排和妥善的解决。学校整齐洁净的校貌，就是孟琴襄与张伯苓等众多南开师生共同创造出来的。

图1 孟琴襄，南开庶务课主任。南开大学档案馆藏

南开是私立学校，张伯苓一向主张精减办事人员、力求高效运作。孟琴襄所负责的总务部门，就是张伯苓这一思想的忠实贯彻执行者。它在南开各个行政部门中实际工作人员数量最少。然而，工作人员少，并不意味着工作效率就低下。以庶务课为例，当时课内只有一位职员。他不仅要负责计算每位同学的餐费，还要处理诸如收费、编排桌位、通知食堂等琐碎的事情。或许正是由于这些工作是由他一人具体操办的，才更加井井有条，以至于从未出过差错。

从南开的食堂管理中最能看出孟琴襄的能力。当时，校园西墙外是臭水沟，极易滋生蚊蝇。为了杜绝蝇患，孟琴襄在食堂外加建一段玻璃窗短廊，并把纱窗换成两层。为了提高师生就餐的卫生水平，孟琴襄实行了包饭制，即要求用餐的师生员工使用公用的筷子和汤匙。他规定食堂的工作人员要常剪指甲，常理头发，厨师要在每日开饭前列队接受学生代表的卫生检查。这些简单有效的措施，受到南开师生的充分肯定："全校——大学、中学、女中、小学宿舍，室内室外的整齐清洁，包括食堂无苍蝇等事实，足以证明孟琴襄的才干和责任心。"

出于对孟琴襄行政管理能力的欣赏，1930年，南开校友、东北大学秘书长宁恩承专程来南开学校同张伯苓校长商量，把孟琴襄"借"去一年，负责整顿东北大学。孟琴襄到达东北之后，就被任命为东北大学事务主任，大刀阔斧地进行了多方面的改革，学校的办事效率和服务水平得到了很大的提高。当地报纸盛赞说："南开精神自白河之津而展至辽河之滨矣"。从东北大学返回南开后，孟琴襄依然为南开各项工作不知疲倦地操劳着。

华午晴（1879—1939），号光笭，天津人。1908年毕业于南开中学堂，留校担任会计，也曾负责过南开庶务课事务，后成为整个南开学校的会计课主任兼建筑课主任，总管全校的财务和基建。

作为整个南开大家庭的"财政部长"，华午晴一贯秉持着"少花钱多办事"和"能省则省"的原则，谋求南开最大限度的发展。他尽量避免浪费，以节省南开本来就不太宽裕的资金，将每分钱都花在刀刃上。即使支出一笔小小的经费，就算是张伯苓亲自提出来的，到了华午晴这里，他也要眼望天花板，慎重地思考一番。于是，南开师生取唐诗"白眼望青天"之义，不无调侃地亲切称呼他为"华白眼"。

图2 华午晴，南开会计课兼建筑课主任。南开大学档案馆藏

华午晴为人诚实，不善言辞，略显木讷，但是南开学校的每一笔进账和花费在他的心中都是一清二楚的。南开的账目对内对外都是全部公开，摆放在学校的图书馆里面，任由师生们检查，从头到尾都非常清晰、明确，一目了然。这完全是华午晴的功劳。

甚至可以说，华午晴的建筑才能，也是南开学校经费拮据给"逼"出来的。他虽然没有接受过正规的建筑专业教育，但为了节省每一分钱，也积极参与到南开学校建设事业中来。他总是以美观实用为标准，亲自勘测和设计建筑，以便为学校免除一切浪费。这样不仅节省一大笔设计费，而且设计质量不比正规建筑公司逊色。

出于对工作的认真和负责，华午晴坚持每日晚上熄灯的时候到学生宿舍去查寝，看看有没有学生尚未归来就寝。他还喜欢每日在校园中四处走走，看看哪里需要修缮，哪里需要改进，随时记录下来，马上着手办理。1914 年南开新剧团成立之时，华午晴被任命为布景部部长（副部长是当时在南开求学的周恩来）。他费心费时费力设计和制作出来的布景、道具，准确地诠释了剧情的特定内涵，与演员的精彩演出相得益彰，获得了剧团和观众们的普遍好评。

1939 年，华午晴因劳累过度而导致突发脑出血，在重庆南开中学不幸逝世，享年 60 岁。张伯苓提议把重庆南开中学的礼堂以华午晴的名字命名，以铭记他为南开学校作出的重要贡献。

喻传鉴（1888—1966），原名鉴，别号廛涧，浙江嵊县（今嵊州市）人，是南开中学堂第一届毕业生。从北大毕业后，喻传鉴义无反顾地回到母校工作，担任英语教师并伴随在张伯苓左右，为南开学校的发展出谋划策。

图3 喻传鉴，教育家，历任南开中学教务长、主任，南开大学教授，重庆南开中学校长。张伯苓研究会提供照片

1933年，张伯苓对喻传鉴授以全权，改任南开中学部主任。作为学校教学质量的把关人，长期担任教务主任和中学部主任的喻传鉴对教师授课要求十分严格，丝毫不能松懈，以此作为聘请教师的依据。聘请新教师的时候，他更是严把第一关。"每当聘用新教师时，他都要亲自和应聘老师谈话，了解对方的情况，觉得合乎标准时，才决定聘用。以后还亲自听新老师上堂讲课，肯定成绩，指出缺点，帮助他们提高教学质量。"窥一斑而知全豹，正是喻传鉴如此认真而严肃地把住教学授课关，才使得南开学校的教学质量能够享誉天津乃至整个中国。

凡曾在南开中学就读或者任教的人，都认为喻传鉴最能体现南开的实干苦干精神。张伯苓总是说："喻先生抢做我做之事，诸位即应抢做喻先生所做之事。"喻传鉴以校为家，甚至连星期日也不休息，经常坐在办公室里检查学生作业和教师批改作业的质量。南开同人都认为："喻先生之治校，公、平、勤、细，调度全校各部门，协调无间，工作效率显著，日新月异，学校声誉，持续不坠，有增无减，此固有赖于张伯苓校长之规划与威望，而内部实情，应主要归功于喻主任之努力。"

1936年，喻传鉴受张伯苓指派，赴重庆筹办新校事宜。当重庆南渝中学各项工作步入轨道后，喻传鉴又回到天津。1937年7月，在日本侵略者将南开摧毁殆尽之后，喻传鉴等人是最后一批撤离的教师。他不顾个人安危，掩护南开员工和家属几经辗转，并带领大家安全到达重庆。在重庆工作期间，喻传鉴担任南开中学副校长，还一度兼任四川自贡蜀光中学校长。抗战胜利之后，喻传鉴主持了天津南开中学和南开女中复校工作，此后又回重庆担任重庆南开中学校长。可以说，喻传鉴一生都贡献给了南开学校。

优乃如（1891—1947），名文翰，天津人。1911年毕业于直隶高等工业学校化学科，因学业优异被张伯苓聘为南开中学化学教员。优乃如表达能力强，讲课生动活泼，极富感染力和吸引力，因此深受同学们的欢迎，往往下课的铃声已经响过很久，学生们仍兴致勃勃不忍离开教室。

1920年9月，优乃如开始兼任张伯苓秘书，帮助校长处理各种大事小情。不仅如此，他还曾协助张伯苓筹建南开大学八里台新校舍。从新校址购地、勘查、建设到竣工，优乃如始终参与，贡献良多。从1922年开始，他兼代大学注册课主任，还一度代理男中、女中教务课主任。尽管有这么多工作要做，当时注册课工作人员，除优乃如之外只有两名职员，但优乃如仍能运筹帷幄，带领职员将这些事情处理得

图4 优乃如，南开大学注册课主任兼校长办公室主任。选自优大器编：《优铁僬诞辰一百周年纪念册》

井井有条。

伉乃如在繁忙的工作之余，还热心参与各种课外活动，尤其擅长表演话剧。他是南开新剧团的骨干，曾担任过演作部部长，参与演出过《仇大娘》《一元钱》《华娥传》《老千金全德》《一念差》《新村正》《巡按》等剧目。伉乃如经常与周恩来同台演出，两人也因此而结下了深厚的友谊。

1937年七七事变之后，南开大学南迁。伉乃如留守天津，至1938年在张伯苓的安排下去重庆工作，仍然做张伯苓的秘书。他的工作负担非常重，需要处理的事情也很多。西南联合大学南开大学办事处凡需请示张伯苓的事情，多要经过伉乃如，有些就是由他出面办理的，另外还要负责与昆明和重庆等地的通信联络。当时，重庆沙坪坝津南村成为各界人士社交活动的中心，周恩来也大多通过伉乃如广泛联络社会各界人士，从事统战工作。由于伉乃如在天津南开时期就热衷于话剧表演，到重庆后，仍在百忙中抽时间亲临同学们的话剧排练现场进行指导。

抗日战争胜利后，伉乃如成为参与天津南开中学复校工作的主要人员之一。他还负责制定南开学校校务管理条例，参与制定了《国立南开大学行政会议章程》《本校教职员兼课兼职条例》等规章制度，成为南开复校的功臣之一。他终生供职于南开，1947年10月28日因胃穿孔医治无效逝世，享年57岁。张伯苓闻讯后十分悲痛，在致张彭春的信中说："讵意伉乃如又于十月二十八日相继身故，同事三十余年，竟先我而去，追念往昔，能勿凄然！"

总之，喻传鉴、华午晴、孟琴襄、伉乃如等"四大金刚"各有属于自己的人生精彩，共同之处是皆为"出自爱国热忱、致力于教育事业的、困难压不倒、灾祸摧不垮的硬汉子"，是张伯苓校长"同心同德"的合作者，成为辅助校长办好南开的一个精诚团结、配合默契的团队。

作者侯杰为南开大学历史学院暨中国社会史研究中心教授、博士生导师，秦方为首都师范大学副教授。本文选自《南开校史研究丛书》第 3 辑，天津教育出版社 2011 年版。收入本书时作了摘录。

怀念姜立夫先生

吴大任

　　姜立夫先生是南开大学的元老，是现代数学在我国最早的富有成效的播种人之一。在创办南开大学数学系和培养我国现代数学工作者中，他作出了不可磨灭的贡献。我有幸得到姜立夫先生的直接教导和培育，受益很大，就记忆所及，写下个人所见所闻，以寄托对他的深切怀念。

一

　　南开大学创立于 1919 年，次年初，姜先生就到校任教。他和随后来校的邱宗岳、饶毓泰、杨石先等先生构成南开大学理学院的奠基人。那是北洋军阀统治时代，南开大学是私立学校，但教学秩序较好；虽然经费有限，教职工少，但效率很高。这几位先生正在年富力强之际，所领的薪金比别的学校微薄，却全心全意地办学。1926年到1930年，我在校时，数学系只有一位教授，有时有两位，助教只有一位，姜先生是唯一的台柱。他逐年根据学生情况轮流开设各门主要课程。1926年我进南开大学时，姜先生正在厦门大学讲学，于1927年返校。从1927年到1930年三年期间，我选修了他的八门课：高等微积分、立体解析几何、投影几何（即射影几何）、复变函数论、高等代数、N维空间几何、微分几何、非欧几何。

图1 姜立夫（1890—1978），著名数学家、数学教育家，是中国最早的两位数学博士之一，现代数学在中国最早和最富有成效的播种人之一，南开大学数学系开创者和奠基人。南开大学档案馆藏

1932年到1933年，我在南开大学任助教时，他正在开设高等几何。这说明，他掌握的数学知识是很广博的，而这也正是当时南开大学数学系能保证较高教学质量的一个根本条件。陈省身说过，那时南开大学数学系是"一人系"，实际就是这样。在我后来的工作中，姜先生这些课的内容几乎全部用上了。这不是偶然的，这些内容都是学习几何的基础，姜先生讲课质量又高，使我终生不忘。

接触过姜先生的人都知道，他不是一个喜欢发表长篇大论的人，但他讲课总是声音洪亮，字句清楚，快慢适中，要言不烦。他不写讲稿，有些课不用课本，往往只带着一页日历，上面写着提纲，讲起来却层次分明，论证严谨，分析周密，说理透彻。对讲授内容的充分信心和浓厚兴趣以及他严格的逻辑推理，都深深感染着学生。讲课中他时常提出一些问题，启发学生思考，但一般不因此而占用课堂时间。他就像熟悉地理的向导，引导着学生寻幽探胜，使你有时似在峰回路转之中，忽然又豁然开朗，柳暗花明，不感到攀登的疲劳。听姜先生讲课是一种少有的享受。我认为只有站在相当的高度，又吃透了课程内容，才能做到。

在授课细节上，姜先生也有很多值得学习的特点，而这些细节都有助于提高教学效果，培养学生一丝不苟的科学态度，因而是他讲课质量很高的重要因素。例如他采用的数学符号，系统性很强，便于"顾名思义"，显然是经过全面而周详地考虑的。他写黑板，计划性也很强，除了公式和绘图外，一般只写少数几个数学名词，节约黑板面积，就可以在它上面保留尽可能多的公式和图，以备后面讲解时参考。他善于使用颜色粉笔绘图，用什么颜色代表什么，也有系统性。他在黑板上书写时，总是边写边念，绘图时也是边画边讲，从不哑场。光线是从课室左侧窗户射入的，姜先生总是站在课室左前方讲解，这样既面对学生，又便于学生看黑板；讲的人注意力高度集中，听的人注意力也高度集中，使听的人的思路紧紧跟着讲的人的思路。

姜先生讲授方法不拘一格。例如他讲授非欧几何时，就组织学生阅读有关文献，在他指导下，轮流报告，这有助于培养学生的阅读能力和组织表达数学内容的能力。又如讲授微分几何时，每讲完一章，他就让学生把笔记加以整理，定期交来，由他亲自审阅，这有助于培养学生写作能力。他考核成绩的方式也多样化。高等代数的学期考试就用写短文代替，由他分别指定题目和参考文献；非欧几何的学期考试则用写心得代替，内容和题目自选。他注意因材施教，

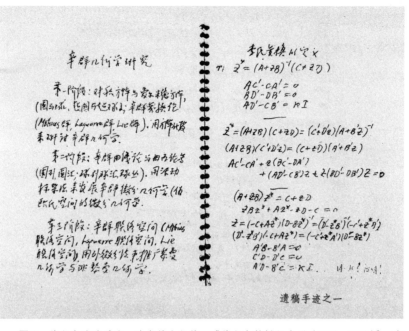

图 2 姜立夫遗稿手迹。选自吴大任编:《姜立夫教授纪念册 (1890—1978)》,南开大学出版社 1989 年版

在指定参阅文献时,他总是根据不同学生的条件和特点,区别对待。从这些创造性的教学方法中,也可以看出姜先生在授课中,曾经投入了多少时间,费了多少心血!

姜先生讲授的投影几何和微分几何都没有教材,也没有写成教材出版,我以为,这既由于他没有充裕的写作时间,也由于他的谦虚谨慎,而谦虚谨慎正是他的美德之一。我听他的投影几何课时,他编了一个详细纲要,由刘乙阁先生刻蜡版(乙阁先生刻的蜡版质量是极高的),发给学生。几年后,当我在南开大学做助教时,他采用的大体上仍然是那个纲要,讲后由我把笔记加以整理,经他校改后作为讲义印发。我听他微分几何课时所写的笔记，后来经他略加核改，也印成讲义，发给以后学习该课的同学。可惜这两份讲义都没有进一步整理出版，否则在当时那都是质量很高的教材。

姜先生十分重视数学文献的搜集和保管，把它作为数学系的重要基本建设。30年代，南开大学的数学图书质量是全国少有的，世界上最重要的数学期刊都是完整的，著名数学家的论文集也是较齐备的，还有许多珍贵的绝版书。1933年日本浪人闹事，治安可虑，为了防备万一，姜先生曾让我协助他把数学藏书包装运出，每包外面标上书名。抗战期间，这些书运到昆明，部分在海防被日本侵略者劫持去了，战后收回一部分，损失了一部分，其中包括一些珍贵的数学书刊。

二

我上大学时，本来是选读物理系。第二年，姜先生从厦门大学回来，我上他讲授的高等微积分和立体解析几何两课。他精辟的讲授对我吸引力很大。姜先生对我是始终十分关怀的。第一学期结束前，他宣布，新学期将开设投影几何课，只有立体解析几何课成绩在B以上（即80分以上）的才能继续选学立体解析几何。到下学期开学选课时，我选了六门课，包括立体解析几何。那时学校规定，一般只能选五门，我选六门已是例外，不能再选投影几何。负责在选课单上签字的理学院院长饶毓泰先生对我说："你要把立体几何换成投影几何。"我问他为什么，他只微笑，不加说明。后来我才知道，姜先生讲授投影几何而把立体几何交给另一位先生负责。这对我是很大的鼓舞。

又过一个学期，加上一些其他原因，我就从物理系转入了数学系。

　　我在南开中学学过些德文，到大学三年级又从字母学起。学了一个学期后，寒假中，姜先生就鼓励我看德文书。他拿了一本关于群论的德文小册子，为我讲解了第一段课文，使我感到并不难懂。从那时起，我就开始看德文数学书。我在南开大学任助教的一年，在他办公室里工作。他看到我书架上摆了好几本从图书馆借来的德文书，就十分高兴地说："你也发现德文书写得好了。"的确，那时英文书好的还不多，德文书既多又好，选材精当，条理清晰，论证谨严。姜先生指引我看德文书，对我后来的学习起了很大的作用。

　　图3　1935年，姜立夫（右二）与吴大任（左二）、陈省身（左一）等学生在德国汉堡合影。选自崔国良选编：《吴大任教育与科学文选》，南开大学出版社2004年版

1930 年我大学毕业，1932 年姜先生让我回校工作。那时德国汉堡大学施佩尔纳尔（E. Sperner）刚到北京大学任教。姜先生了解到他让北大一些助教看托姆森（G. Thomsen）写的一篇关于用对称变换群来处理初等几何的论文，就叫我去看。姜先生说，不能在旧文献中找到研究课题，一定要抓住新动向。施佩尔纳尔来天津，姜先生请他吃饭，约我作陪，并把我介绍给他，说我已看了托姆森的文章。他就告诉我，希望把托姆森的公理系统加以改善，还说明了自己的思路。在他的启发下，我做出了一些成果，获得他的赞许。这是我在科学研究中的首次尝试，这是在姜先生引导下开始的。

1933 年夏，中英庚款第一届留英公费生招考。姜先生鼓励我报名，我因考期迫近，准备时间短，怕考不好，有点犹豫。姜先生说："因为你机会很好，他们找我出试题，我没有同意。"简短一句话，既表现了他那无私的品德，对我也是强有力的激励，使我只得遵命报名应试。第二届留英公费生招考时，姜先生才应邀拟了全部数学试题。

抗日战争期间，姜先生在西南联合大学任教，在陈省身协助下兼主持中央研究院数学研究所工作。在这期间，他曾经从事圆的几何的研究，他用一种特殊的复数元素二阶矩阵代表圆，通过这种方法，整理了圆的几何中许多结果。抗战胜利后，他在上海继续主持数学所工作。1948 年秋，他来南开大学作了几次关于他所建立的圆的几何理论的报告，还带我到图书馆，把有关文献出处指给我看。我体会，他不无希望我能协助他整理他在这方面的研究成果。他返上海后，我把他报告的内容的前面部分，根据我的笔记，写成较详细的材料寄给他审阅，并把我对某个公式所得到的新表达式告诉他，他十分高兴。可惜我未能把这项任务坚持下去，有负姜先生的期望，至今

图4 1989 年 10 月 16 日，南开大学隆重举行了纪念姜立夫先生一百周年诞辰大会，姜立夫先生半身铜像在学校数学楼二楼中厅落成。南开大学校史研究室提供照片

感到十分遗憾。

现在，我们处在开创社会主义新局面的伟大历史时期，南开大学正在满怀信心地前进。在这大好形势下，我不由得深切怀念南开大学数学系的奠基人，早期的主要缔造者，敬爱的老师姜先生：怀念他为中国的数学事业数十年如一日的献身精神；怀念他一丝不苟的极端严肃的治学态度和循循善诱的教学方法；怀念他奖掖后进的无比热情；怀念他谦虚谨慎、正直无私、光明磊落的高尚品德。早

在抗日战争前，在南开大学，姜先生已经培育了一批后来我国数学界熟知的人才，如刘晋年、江泽涵、申又枨、陈省身、孙本旺等；其中江泽涵先生是最早把拓扑学移植到中国来的学者，他自己又培育了中国现代数学，特别是拓扑学方面的年轻一代，姜先生的长子姜伯驹就是其中著名的一位，而陈省身则已成为现代微分几何的巨匠，他的创造性工作大大促进了现代数学的发展。当然，姜先生所直接和间接培植的人才是难以数计的，他们的成就和姜先生这位中国现代数学园地早期的辛勤园丁的艰苦努力也是分不开的。姜先生的业绩将永远记录在中国现代数学发展史上。

作者为教育家、数学家、南开大学教授，系姜立夫先生的学生。本文选自《中国科技史料》编委会编：《中国科技史料》第 3 辑，科学普及出版社 1981 年版。收入本书时做了摘录。

南开大学化学系第一人

——邱宗岳教授

侯洛荀

著名的化学家、南开大学化学系、理学院的创办人邱宗岳教授堪称"南大化学系第一人"。邱宗岳先生 1921 年任教于南开大学，他不仅博学多才，工作勤恳，赢得同人赞誉，而且在生活作风上严谨、正派、道德高尚，在南开园里有口皆碑。

邱宗岳先生是清末最早出国学习自然科学的留学生之一。1910 年他报考了清华学堂庚款留美预备班，是该留美预备班的第一届新生，各门功课都考得很好，英文尤其突出，所以未经预备性的学习，当年即作为首批留学生送往美国。邱宗岳远涉重洋到了美国之后，整整苦读十年，获得博士学位。

邱宗岳 1920 年回国。当时南开大学已在艰难中诞生一周年，正在创业中成长。1921 年，邱宗岳受张伯苓校长邀请，来到南开大学担任教授，开创化学系，志在实现"教育救国""科学救国"的理想。

1921 年邱宗岳为南开大学平地起家创办化学系，任系主任。开始只有四名学生，物理化学、普通化学、定性分析、定量分析等六七门课都由他教。没有实验室，主任便带着学生去借用南开中学的实验室。邱先生回忆草创化学系时的经历说："那时实在有点谈不上什么办学，只能说是惨淡经营！"经费困难到连购置最简单的玻璃仪器也要费周折。邱先生不得不事必躬亲，花钱的事，他总是把一个钱当两个钱来花，一个烧瓶、一个软木塞都要自己去挑选，当宝贝似的使用。邱宗岳曾用"化学系是我的，我的也是化学系的"来表明他与化学系密不可分的关系。

我来南开大学之日，正是学校迁入八里台之时。这一年，化学系第一期学生毕业，而毕业生仅有一名。邱先生原来招入的四名学生，其他三名已半途辍学或转业了。虽然创业十分艰难，忠于教育、科学事业的邱宗岳与志同道合的杨石先等教授对化学系的建设、教学与科研坚持不懈地在困难中前进。

邱宗岳是以开拓者的形象出现在南开大学的，他不畏困难，艰苦创业，从不说空话。南开大学化学系实验室是最早使用煤气的。我国化学实验在 20 世纪大都是使用酒精，从时间与经济上说，都是不方便、不理想的。虽然曾有少数大学自制煤气，以图代替酒精，

但需费浩繁，技术也比较复杂，不克着手。南开大学在邱宗岳教授领导下，于1924年即着手于煤油热化器之研究，一方面意图解决实验燃料的问题，另一方面也是作为一项科学研究来进行。我还记得，我到南开大学之初，即听说在思源堂的地下室里，邱宗岳教授与张志基带着一些人自行制造煤气。经过了几年的努力，终于设计出一套定名为"煤气热化"的装置，制出了煤气。南开大学有了自己的煤气厂，以后凡理科实验，除非用酒精灯者之外，一概可以使用煤气。许多大学闻风兴起，有的还借镜南开，建立气厂，前来参观的人更是络绎不绝。

抗日战争全面爆发后，南开大学南迁入滇，与清华大学、北京大学合组西南联合大学，邱宗岳教授也随之到了昆明。理工科各系经费无着，多半是采取同有关的企业部门合作的方式解决教学和实习的困难，工学院有的系草创了附属工厂，用生产利润补助教学经费。化学系在邱宗岳、杨石先领导下，发扬南大化学系自力更生的传统，自制泥炉，燃烧木炭，以代替煤气和电炉。科研方面困难更大，特别是理工院系，仪器、药品、资料都缺乏，像烧碱、硫酸一类最普通的化学药品也得从香港运入昆明，加上通货膨胀，师生们的生活都十分困难。

名望极高的邱宗岳教授也不例外，生活常处于艰难竭蹶之中。他原就有较重的胃病，战乱中的颠沛，尤其是生活的困难与营养不良，使他的病情日益加剧，常常呕血。因为健康所致，邱先生不再担任

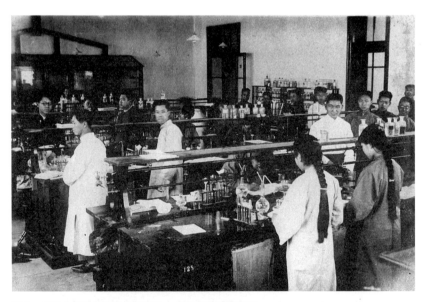

图3　南开大学学生在做化学实验。南开大学档案馆藏

行政职务，主要精力用于教学，培养师资队伍。

作为"老南开"，邱先生非常关心南开各方面的情况，常常到南开大学办事处看一看、问一问各研究所、室的工作和教职员在昆明的生活等。我经常在办事处，加之我任课的范围广，接触的师生多，他见了我总要问长问短。他非常担心这场战乱将使南开大伤"元气"。谈到生活，他则总是说："问题不在于个人生活如何困顿，前方战士流血牺牲，才保住我们在远离战火的地方办学，教书是我们能够做的，也就是这些。可是，痛心的是我们苦心教出来的学生，等待他们的是什么呢？失业，还有比失业更甚的厄运！"那时邱先生还不过四十八九岁，可是华发早生，加之他那高高的瘦骨嶙峋的身躯，更显得衰老，很像花甲老人。

邱宗岳在西南联大教授化学、物理很有声望，很多著名的理化教授、专家都很敬佩他。他的同学和学生，有的在政府部门、学术机关居高位，想对这位理化名家的困难予以援助，都被他一一谢绝了。政府当局也想倚重他的名望，多次许以高官厚禄。"君子安贫，达人知命"，邱先生说自己不是"达人"，但能够"安贫乐道"。当时，有的名流教授被邀请出国讲学，邱先生也受到美国、英国一些名牌大学的邀请，可是他认为国难当头，他愿意留在国内，坚守岗位，做点力所能及的事情。几乎是所有能使他离开穷困潦倒的生活境遇的、为不少人欣羡的机会，他都毫不动心地放弃了。

1943 年，邱宗岳、黄钰生、杨石先、冯文潜等在昆明受张伯苓校长之命，着手筹备战后南开大学复校工作，邱宗岳教授与他的老朋友杨石先教授壮志满怀，潜心擘画，他们认为南开大学化学系发展方向应以有机化学为重点，办出自身特色。为了物色教师，采购图书仪器，特别是了解化学及其有关的、接近的科学领域的新发展和新趋势，杨石先教授于 1945 年赴美，接受印第安纳大学之邀任访问教授兼研究员。邱宗岳教授运筹于国内，杨石先教授活动于国外，为南开大学化学系组织教师队伍，其中有：有机结构理论化学家高振衡教授、有机合成化学家陈天池教授、高分子化学家何炳林教授、农药化学家陈茹玉教授、药物化学家王积涛教授等，使南开大学化学系的师资力量成为全国最为雄厚的一支队伍。

抗日战争胜利后，南开大学于 1946 年从昆明迁回天津。当我们一踏上长期眷恋萦怀的土地时，看到的却是满目疮痍，校园里断壁残垣，一片荒凉景象。我和邱宗岳先生带着从联大运回的七八件光

图 4　20 世纪 50 年代南开大学东门。南开大学档案馆藏

学仪器来到理学院基地——思源堂。思源堂里图书资料、仪器设备已荡然无存，而搬不动、移不走、烧不尽的房屋也被破坏得面目全非。地下室的煤油热化装置则全部被毁，变成侵略者的马厩。看着这一切，大家心情沉重，默默无语，倒是邱老说出了鼓励大家的话："留得青山在，不怕没柴烧！当时连座思源堂都没有，我们不是平地起家的吗？只要有人，有一颗心、一双手，就能够也必须干出一番事业来！"

邱宗岳先生仍然出任理学院院长，仍以思源堂作为复兴工作的根据地，经几年的艰苦奋斗，规模渐复，有些方面还超过了战前。邱宗岳先生身为理学院院长，在行政工作上认真负责，从院系建设、教学安排、指导助教、处理系院行政事务，直到添置仪器设备、购置实验用药等，他无所不知、无不过问。

天津解放时，人民群众敲锣打鼓、载歌载舞，放鞭炮夹道欢迎中国人民解放军，邱先生也走在欢迎队伍中。尤其使邱先生振奋的是党对文化教育科学技术事业的关怀与重视。50年代初，国家处于严重的经济困难时期，但仍然拨款为南开大学理学院重建煤气设施。1952年思源堂又有了煤气，邱老欢乐不已。当时邱宗岳已年逾花甲，在教学上，他认真负责，一丝不苟，课越讲越精。学生大考的答卷，他都要亲自批改，小考卷子、习题由助教批改之后，他还一一过目。他把自己几十年的教学经验归纳起来，告诉青年教师们说："要想检查自己的教学效果，除了要看自己已经讲了多少、讲清楚了多少以外，更主要的是要看同学们吸收掌握了多少。"

1961年邱宗岳教授从教40周年，南开大学隆重举行庆祝活动。学术界的一些知名人士和邱老的老同学、老同事、朋友、学生特地

图5 1961 年 10 月 29 日，南开大学举行邱宗岳教授执教四十周年纪念活动。南开大学档案馆藏

从外地赶来向他祝贺。他的一些学生当时都已两鬓斑白，有的已经担任大学校长、院长和国家教育、科学界的领导。邱先生的学生在化学系任教的已经有七八代了。全系 150 多名教师中，90% 都是他教过的学生。那时候，化学系有师生员工 1000 人，比解放前整个南开大学的人数还多。在解放前近 30 年中，从化学毕业的学生只有 51人，从 1949 年到 1961 年，毕业生总数达到了 655 人。这一巨大变化，深深地鼓舞着邱宗岳教授。为他举办的庆祝会上，他说："我一定要贡献出自己晚年的全部力量。"

作者为南开大学教授，1924 年起执教南开，担任体育教员，新中国成立后长期担任南开体育教研室主任，毕生服务于南开大学。本文选自中国人民政治协商会议天津市委员会文史资料委员会编：《天津文史资料选辑》1996 年第 1 辑，天津人民出版社 1996 年版。收入本书时做了摘录。

中国现代物理学奠基人饶毓泰

白金骆

早在19世纪末期，中国各地方先后派出学生到国外留学。他们学成后陆续回到祖国，从事教育工作和科学研究工作，他们在中国近代教育事业发展初期，尤其是在中国现代物理学等教育理工类学科的建设和发展中，充分发挥智慧和才能，在相关学科的创建和发展中，皆是中坚力量，并为近代中国的高等教育事业和科学研究事业，作出了重要的贡献，饶毓泰教授就是其中的一位。

马蹄湖畔奠基业

当饶毓泰还在美国攻读博士学位时，张伯苓校长已经托人聘请他来南开大学任教。由于当时国内有物理学系的大学并不多，为了培养物理学人才，发展物理科学，饶毓泰欣然接受聘请，远离江西

图1 饶毓泰（1891—1968），著名物理学家、教育家，中国现代物理学的奠基人之一，中国科学院首批学部委员，南开大学物理系创建人。南开大学档案馆藏

家乡故土，北上到濒临渤海的天津，在南开大学创办物理学系。

饶毓泰来到南开大学，担任物理学系教授，兼物理学系主任。在创业的道路上，创业者要披荆斩棘，必须付出更大的代价。饶毓泰初来时，同时要为物理学系和矿科的这两个不同培养方向的学生讲授普通物理学，此外还要筹建实验室，辅导学生的实验课。到了转年的春季，饶毓泰讲授新开设的分析力学。

南开大学物理学系的发展出现转机是在1923年。这一年，理科得到袁述之先生及美国洛克菲勒基金会的捐助，兴建科学馆。洛克菲勒基金会还派 P. I. Wold 博士来到物理学系，讲授普通物理学。一年以后，Wold 博士任期届满返回美国。此时陈礼教授恰好到来，陈礼和饶毓泰二位教授密切合作，各尽所长，同心协力，在新落成的科学馆布置电源线，安排实验室，验收新到的仪器。陈礼教授专长电工，负责实验室的电路布置和实验室的管理，讲授交流电和无线电课；其他的课程皆由饶毓泰亲自讲授。饶毓泰讲过的课程有力学、热学、电学、声学、光学、分子物理学、近世物理学之进步、理论力学等课程，所选用的参考书，均是当时国外著名的高水平的教材。由于饶毓泰和陈礼教授精心筹划，通力合作，在科学馆建成了普通物理学、电学、光学、热学、直流电、交流电和无线电实验室。仪

图2 南开大学学生在做物理实验。南开大学档案馆藏

器设备价值折合当时货币3万余元。在图书资料方面，至1930年物理学系的图书室藏书已达585种。此时的南开大学物理学系，"课程之次序及实验之设备，比诸欧美有名大学固尚多缺憾，然比诸今日之国中各大学尚不落人后也"，在国内各大学中确立了自身的优势地位，并为国人所首肯。

饶毓泰自幼跟随父亲学国学，具有很深厚的国学根底，并且还精通英、德、法三国语言。虽然他讲话有浓重的江西口音，口才也不很好，然而由于在讲课时采用启发式，基本概念反复阐述，重点突出，因此学生从中受益匪浅。不仅如此，饶毓泰在讲课时或在课外，经常向学生介绍物理学研究的新成果和新思想。当年吴大猷在南开大学物理学系读书时，曾经听过饶毓泰所作的题为"爱因斯坦相对论之原理"的讲演。吴大猷在《怀念饶毓泰（树人）师》中写道："学生由他获益处，不在流畅的讲演，而在其对学术了解之深，对求知态度之诚，对学术之欣赏与尊敬，以及为人的严正不阿的人格的影响。"这些对吴大猷乃至其他学生"以后的学习、工作和生活，起到了关键的、亦可以说是举足轻重的影响"。

饶毓泰还很重视培养学生学习上的主动精神，学生中主动学习和研讨物理学最新进展的气氛十分热烈。在饶毓泰任教期间，在他的悉心教育和引导下，培养出了一批优秀学生。在物理学、数学和化学各系，受教于饶毓泰的学生中，如刘晋年、江泽涵、申又枨、吴大猷、吴大业、陈省身、吴大任、郑华炽等人，他们都在物理学、化学、数学各学科中有很大的建树，并在相关的学科建设和发展中作出了很大的贡献。其中吴大猷教授和陈省身教授，则是世界著名的物理学家和数学家。

饶毓泰在南开大学的工作，可以用"呕心沥血，成绩赫然"来概括，得到张伯苓校长和理学院师生的一致赞扬。故而他于1926年再次被南开大学聘为理学院院长、物理学系主任，任职到1929年。任职届满以后，饶毓泰得到学术休假的机会，并获得中华教育基金会的资助，赴德国莱比锡大学和波兹坦天体物理研究所从事原子光谱的科学研究工作。

未名湖畔图振兴

饶毓泰从德国回来，先在北平研究院物理研究所任研究员，从事科学研究工作一年。他到北京大学任教授、物理学系主任是在1933年9月，正是北京大学物理学系处于困难时期。一批名教授相继到研究院或其他大学任职,使得北京大学物理学系不仅没有系主任,而且任课的教师也缺乏。

饶毓泰非常明确,要办好一个物理学系,最为重要的是应该有一批学术造诣精深的教授,于是他聘请周同庆、张宗蠡、朱物华、吴大猷等名教授来北京大学物理学系执教。与此同时还留用了一批年轻的助教,委以教学和科学研究的重任,让他们在实际工作中锻炼成长。

饶毓泰作为著名的物理学家,深知科学研究的重要性。他始终强调高等学校的教师,一定要进行科学研究,教学和科学研究不可偏废,只有这样才能提高教师的学术水平和教学水平。这时的北京大学物理学系,形成了一个平等、和谐、团结、进取的氛围,学术空气异常活跃。在这样的环境中,科学研究有了较大的进展,尤其是在原子光谱和分子光谱的理论研究及光谱学实验方面,都取得了一些颇有价值的成果。

多年来,由于饶毓泰卓有成效的工作,北京大学物理学系走出了困境,多方面出现了崭新的局面。

春城艰辛育英才

西南联合大学时期,理学院的院长是吴有训(1938年),后为饶毓泰(1942年),再后为叶企孙(1945年)。物理学系的系主任是饶毓泰。饶毓泰多年在分子光谱学方面进行研究,造就了一个人才结构合理、配合默契的科学研究集体。到了抗战大后方的昆明,为了将这方面的工作继续下去,尽管各种条件极端困难,他们仍然在一间泥墙泥地的房子里，做了一个木头架子，将带来的棱镜放在上面，拼装了一台最简单、最原始的光谱仪，以吴大猷从美国带回来的一个低压水银灯作为光源，就在这样的条件下，重新开始了分子拉曼光谱的研究。饶毓泰对青年教师参加科学研究，有一个周密的安排，同时又给予及时的指导和热情的关怀。故而在抗日战争时期，仍有一批科学研究论文在《中国物理学报》和《美国物理学评论》《美国化学评论》等学术刊物上发表。

西南联合大学在（全面）抗战时期物资极其匮乏，教学条件也相当恶劣，但是全体师生的精神非常振奋，学术风气非常好。教授教学经验丰富，学术功底深厚，而且都十分重视基础课，乐于担任基础课的教学，亲临教学第一线讲授基础课。学生们受到这些名师

图3　1956年南开理科创始人合影。左起依次为姜立夫、邱宗岳、饶毓泰。南开大学档案馆藏

精心的培养，后来出现了几位物理学界极为杰出的人才，如诺贝尔物理学奖获得者杨振宁教授、李政道教授，我国两弹元勋邓稼先，我国导弹核武器专家郭永怀。不仅如此，从1954年至1966年任南开大学物理学系主任的江安才教授，一直担任南开大学物理学系光学教研室主任的沈寿春教授，他们先后在20世纪30年代初期考入北京大学物理学系，后来都留在系里任助教，跟随饶毓泰进行光谱学方面的科学研究工作，抗战时期一直随同饶毓泰到西南联合大学。沈寿春教授、江安才教授先后于1948年和1953年来到南开大学，他们秉承饶毓泰的教诲，倾注全部的精力，在南开大学开展光学领域的教学和光谱学方面的研究工作。于1954年使南开大学物理学系光学专门组成为我国第一批光学专门组，为南开大学光学技术科学奠定了基础，为我国光学事业培养了许多优秀人才。

1944年，为了抗战胜利后中国物理科学的恢复和发展，饶毓泰自费到美国俄亥俄州州立大学，和他的合作者克服了实验上许多困难，取得以前许多研究者未曾得到的成果。

重返燕园迎黎明

抗战胜利的消息传到西南联合大学，师生们兴高采烈，奔走相告，八年来时时不能忘怀返回北方校园的愿望，即将实现，人们归心似箭。

1946年北京大学回到北平，这时饶毓泰虽然身在美国，却心系北京大学物理学系，他仔细地筹划物理学系的恢复和发展。1947年初，饶毓泰由美国归来，到北京大学履新。他对物理学系的教学规划、教师的聘任和培养、实验室的建立和仪器设备的添置等建设和发展

图4 1961年，饶毓泰（左）与邱宗岳（中）、杨石先（右）在南开园中合影。南开大学档案馆藏

有了一个较为详细的计划。虽然系里工作繁忙，而且头绪多，饶毓泰始终坚持在教学第一线，担任物理学系的光学和理论物理学等课程的教学工作。

1949年，饶毓泰已经看出国民党政府的统治必然灭亡，北平的解放指日可待。他决心留在北平，迎接即将诞生的新中国。不仅如此，饶毓泰还劝说其他教授，不要和国民党一起撤离北平逃往南方，充分表现出热爱祖国、热爱人民、拥护共产党、决心迎接北平解放，盼望祖国早日新生的热切愿望和知识分子的崇高气节。

北平解放后，饶毓泰亲眼见到自己多年梦寐以求的强国梦想得到实现，国家的建设、科学和教育事业蓬勃发展，人民的生活逐步得到提高，处处呈现出一派欣欣向荣的景象。他深切地感受到只有社会主义才能救中国，他热爱中国共产党，热爱社会主义祖国，并积极投身到自己所从事的教育和科学研究的实践中。

作者为南开大学物理学院教授。本文选自中国人民政治协商会议天津市委员会文史资料委员会编：《近代天津十二大自然科学家》，天津人民出版社2011年版。收入本书时作了摘录。

国难中长成的南开英文系

柳无忌

今年（1986 年——编者按）2 月，南开英文系剧团在美国表演成功，返国前顺道来司丹福用英文上演南开校友曹禺的《雷雨》。演毕，我们几个在这里的老南开，去后台访问那些比我们晚二三代的年轻活跃的演员，说明了身份和关系后，大家兴奋异常。有文为证："演出那天晚上"，一位英文系同学返校后在《南开周报》上这样报道着，"十多位老校友冒雨而来，有周总理在校前后的老同学，还有我们外文系的第一任系主任，八十多岁高龄的柳无忌先生[1]及夫人，见到我们，看了戏，他们高兴极了"。在我们和他们之间，有一股胶黏的吸引力把"代沟"（年代的隔阂）填接起来，那就是在国难期间长成的南

---

[1] 作者按：英文系第一任主任为陈逵，就职一年半，自 1931 年秋至 1932 年冬季。柳无忌为第二任系主任。

开大学英文系的精神，而这种精神
及其实际的表现我是乐于回忆的。

正当 1931 年九一八事变时，天
津南开大学（在海光寺日本兵营附
近）创办了英文系，我于 1932 年夏
自欧洲回上海。此时，"一·二八"
沪战的创伤未愈，而伪满洲国已在
长春成立，华北受到威胁，经过一
番家庭会议，我终于接受好友杨石
先的催请，在秋季携眷北上，去南
开英文系任教，下学期，受命主持
系务。当时，政局变化不测，但我
对于南开学校，对于英文系的前途，

图 1 柳无忌（1907—2002），近
代著名诗人、旅美散文家，著名诗人
柳亚子的哲嗣，1931 年获得美国耶
鲁大学博士学位后回国并执教南开，
担任英文系主任。南开大学档案馆藏

却抱着极大的希望与信心。我发现该系有新兴的蓬勃的生气，还有
师生亲切合作的精神。在我的理想中，英文系在大学内应担负三种
任务：（1）为全校各院系服务，提高学生阅读英文的能力，以适
应 20 世纪自西方汹涌而来的新潮流、新知识的挑战；（2）造就以
英语为专业的人才，能读能讲，可以愉快地胜任需要英语的职业，
如新闻界、教育界、出版社、银行界等；（3）培养一些研究与翻
译西洋（不限于英国）文学的学者，以介绍外国文学为终身事业，
或更进一步，经过中、西文学的比较而从事中国新文学的创造。不
用说，我是有意走这第三条路的，所以我教授英文时，试以我个人
的影响，去鼓励同学们多读文学作品，不仅能增进英文程度，还要
体会此中的真理与情趣，并以自己所得的成果传授后人。

图2　司徒月兰（1894—1985），著名教育家、英美文学家，南开大学英语系奠基人，执教南开近三十年。南开大学档案馆藏

为实现这个目的，在南开英文系初期五年（1932—1937），我们在文字和文学方面双管齐进。有关语言的训练部分，在新闻学者陈钦仁离校后，我们请到司徒月兰女士，她生长在美国，在密西根大学读语言学，对教学有热心与耐心，是一位肯负责的良师；当时她主持语文教学，担任英语会话、高级作文等功课。同时，在大一英文教员方面，我们有刘荣恩（燕京大学）与曹鸿昭（南开英文系首届毕业）两位，负责改阅学生每周交来的作文卷子。

这不是一件轻而易举的事，我们很自负地做得相当认真。更进一步，系里规定每位教授必须担任一门大一或大二功课，这在有些大学不一定能做到。比起清华、北大来，南开是个小学校，没有"大教授"，对于教员一视同仁，而师生之间的关系也特别好，有时一直延续到学生毕业之后。南开虽无大教授，并不是说没有好教授。经过逐年调整，英文系最后的阵容相当整齐：罗恺岚教小说，梁宗岱教诗歌，我在戏剧（包括莎士比亚）之外，也讲一点文学史与文学批评。恺岚是我清华同学，交情甚深，他在校读书时已写小说在刊物上发表，来南开后以在《大公报》刊出长篇创作《苦果》驰名文坛。宗岱我不认识，但闻名已久，知道他精通法、德、英三国文学，想借重他广博的学问以充实我们学生对于西洋文学的知识。除了这个文学教授的基本队伍外，我们另聘来系兼课的有张彭春、黄作霖（佐临）等。他们两位研究戏剧，在导演方面有特殊贡献，而南开大学的剧风在张伯苓与张彭春兄弟两位的提倡下早已盛极一时，实为50年后英文系剧团来美上演英文本《雷雨》的先声。另一方面，由于恺岚与我的关系，请来了朱自清、孙大雨、朱湘、罗念生等先后莅校演讲，使我们的学生能多接触外来的教授，以扩大他们对文学的视线。

在这五年中，系务蒸蒸日上，（除了为校外日军的枪炮声所骚扰外）风平浪静地进行。师生接触频繁，和衷共济，举行各种演讲、演剧、社交等活动。偶尔也发生少年同学间点缀着青春的"浪漫史"。但是作为课外活动，我觉得，最重要的是鼓励同学们对于写作及翻译的兴趣，在刊物上发表文章——报章杂志是从事文学者的实验室。这时候钱端升新任天津《益世报》主笔，嘱我帮忙编辑该报《文学周刊》，于是我为南开英文系开辟了一个投稿地盘，罗恺岚哀悼朱湘的文章首载《文学周刊》，当时他还在美国，不久就来南开任教。同时，我与天津文艺界取得联络，在周刊上登载李霁野、王余杞诸人的文章，还发现了一位年轻的女作家，那时候在天津初中读书的女孩子，现在台湾的名作家张秀亚。后来兴趣大了，我与罗恺岚索性联合英文系同学来办一个自己的刊物，即《人生与文学》，由师生合编，发表研究、创作、翻译、短论、书评等文字，并得到校外罗念生、水天同诸人的支持，梁宗岱来南开后声势更大了，此时,恺岚的《苦果》已在《大公报》上发表完毕，作为"人生与文学丛书"第一部，继之以罗念生编的《朱湘书信集》。不仅此，我去上海与商务印书馆接洽出版南开大学"英国文学丛书"，接见我的总编辑韦悫答应先出书，再谈丛书名义。返校后我陆续寄去好几部同学写作的稿件，经馆中

图3 1934年南开大学英文系毕业照。前排居中为柳无忌。南开大学外国语学院提供照片

编辑部审查出版，其中有李田意著《哈代评传》、曹鸿昭译的莎士比亚长诗《维纳斯与亚当尼》、攻思文译的奥尼尔剧本《奇异的插曲》。另李田意译卡瓦德（英）的《乱世春秋》，因中日战争发生，未能印出，稿件遂遭失落。我曾与曹鸿昭合译莫狄与勒樊脱合撰的《英国文学史》，始于1934年，亦因战事延误，于抗战胜利后（1947年）方印行问世。至此，我在南开英文系所做的工作亦告一段落。

当1937年卢沟桥事变发生时，驻海光寺的日军遂荷枪实弹地开进学校大门，把校舍肆虐焚毁。消息传来，在上海度暑的我们为之愤怒震惊不止，却也为政府抗敌御侮的决心觉得民族有复兴的生机而奋激起来。在抗战期间，我仍守住教书的岗位：从上海历险去长沙，参加临时大学在南岳的文学院；又随校迁昆明，此时学校已改名为西南联合大学。后来去重庆任教于中央大学至友范存忠主持的外文系。当时，与此后在美期间，我总是念念不忘在天津南开的一段生活，尤其是对于英文系怀念甚深，觉得这五年的努力不是白费的。并非自我安慰，事实就是如此。五年虽为期甚短，但是当时我所教的学生，后来在国内外学术界及其他职业能立足而有成绩的不在少数。对于我，最大的愉快，即在半个世纪后的今日，颇有南开英文系及他系同学，在美国及国内的，与我保持联络，时有往来，或偶尔过访，或长期通信，亦有与我合作着从事中英文课本的编辑，或英国文学的翻译，以至今日。更可喜的是，当年我们在国难期间为英文系创业，固然"表现着南开的不畏强敌，迎风顶浪的精神"，但哪能比得上现今国家统一，学校稳定，而南开也随着时代在患难中成长的事实。作为南开英文系硕果仅存的当事人、目击者，我愿意就记忆所及，把我自己的经验与感想记录下来，向历史作交代，并与系里先后的师生，共同勉励着继续此种英文教学的优良传统而发扬光大之。

作者为著名汉语诗人、翻译家、旅美散文家，曾任南开大学英文系主任。本文选自柳光辽、金建陵、殷安如主编：《教授·学者·诗人——柳无忌》，社会科学文献出版社 2004 年版。收入本书时做了摘录。

学者风范 南开精神

——何廉等老一辈南开学人的点滴记事

关永强

1926 年，刚从耶鲁取得博士学位的何廉怀着学成报国的满腔热忱来到南开任教，下车伊始就对这里严谨务实的校风留下了深刻的印象。为此他专门撰写了《说校风》一文，赞扬南开"学生多志于学，而无嚣张之气、奢侈之习，此南开之校风也；老成持重，具有自治之精神，做事负责，而无推诿之陋习，此又南开之校风也"。在何廉看来，这样的校风不仅体现了南开人笃诚治学的劲节风骨，更是驱散当时一些社会不良习气、引领青年积极向上的高韵清风，"唯其校风如是，故毕业学生，服务社会者，多能得社会上之欢心，而无轻浮败事之举。"他进一步勉励南开学生不要就此划然自足，应该努力不懈地追求真知和力行实干：一要"本科学之精神，作彻底之研究"，通过"探讨思索之所得，深信不疑，渐渐变为（学术）信仰"；二应"以学校为练习之场"，培养服务与合作之精神，以经验与学识互补，使所学成为有用之学，最终"供给社会之需要"。

南开大学建立之初的物质条件较为窘迫，很多教师都因待遇而转赴清华等校任教，而何廉不仅多次放弃更高薪酬的其他机会，而且一直积极致力于改善南开的办学条件。1927年，在婉辞"中华文化教育基金会"社会研究部聘请的同时，何廉专门找张伯苓校长深谈并得到他的鼎力支持，在南开创建与社会研究部类似的社会经济研究委员会，这就是后来颇负盛名的南开经济研究所。为了使相关研究工作得以启动，除了学校拨付经费外，何廉还从中华文教基金会申请资助，并私

图1　何廉（1895—1975），著名经济学家、教育家，主持创办南开大学经济研究所和经济学院，率先倡导经济学教学与研究的中国化，编制"南开指数"，开展多项对中国工业和农村经济的调查，培养了我国最早的一批经济学研究生。1948年曾任南开大学代理校长。作者提供照片

人提供了五百美元。随着研究领域的逐步拓展，何廉又和张伯苓校长积极努力，陆续获得了太平洋国际学会和洛克菲勒基金会的资助。1931年，受张伯苓校长的委托，何廉又将南开大学商学院、文学院经济系和社会经济研究委员会合并，组成中国大学中第一个经济学院。他邀请颜惠庆、吴鼎昌、周诒春、周作民、范旭东、穆藕初、刘鸿生等政商名流组建经济学院董事会，同时积极与启新洋灰、开滦煤矿等知名企业展开合作，终于打开局面，保障了南开经济学科持续稳定地发展。

何廉深知当时的南开与世界一流大学仍存在很大差距，必须在借鉴国外名校办学经验的同时，扎根中国实际，才能构建起南开特色的人才培养体系。在海外求学期间，他就意识到了现代社会科学日益专业化所带来的进步和存在的局限，因此，他仿照英国伦敦政治经济学院的发展模式，积极聘请从海外学成归来的方显廷（经济史）、陈序经（社会学）、李卓敏、袁贤能、李庆麐、丁佶（经济学）、张纯明、王赣愚、林同济（政治学）、张金鉴（行政管理）等多学科优秀人才，致力于将南开经济研究所和经济学院打造成社会科学交叉互动的综合性研究机构，以专精与博通互为补充，让学生能够接受多元化的教育，打破专业化和碎片化知识的局限，通晓各门社会科学的道理，形成全面的学术素养。

与此同时，何廉等学者还从中国和南开的实际出发，提出经济学院的"中心目标即在完成一本国化之经济学"，鼓励师生在课堂教学之外积极从事中国现实经济的研究和实践，还率先招收研究生，推进对中国农村等领域的深入研究。这充分体现了何廉等南开经济学人至诚报国和学以致用的办学理念，他们以拳拳报国之心从海外学成归来，不满足于当时很多大学里照本宣科的教学方式，希望能以自己所学的现代科学知识报效祖国；同时也希望教学相长，通过引领学生从事现实研究来让学生广泛接触和了解中国经济与社会，成长为对社会有用的人才。

很多南开师生都在回忆中盛赞何廉卓越的领导才能和勇于革新的精神，由于他开诚布公、真挚待人，在他的周围迅速形成了强大的人才阵容和锐意进取的研究群体，南开经济学科也成为当时国内外公认引领中国经济学发展的学术重镇。

促使何廉、方显廷、陈序经等学者学成回国从事科研工作的，首先是对祖国和同胞的热爱以及改变中国落后局面的社会责任感。他们领导下的南开经济学科也一直把中国经济的实际需要作为自己的研究方向，始终倡导经济学的中国化。

何廉来到南开后开展的第一项研究工作就是编制经济指数，因为他注意到当时的中国经济界非常缺乏可靠的调查统计资料，因此迫切希望改变这一局面。由他主持编制的物价指数不仅可以弥补官方统计的不足，而且能帮助工商企业使用统计数据指导投资、测验市场、确定成本、推销商品和分析利益损失；

图2　方显廷（1903—1985），著名经济学家。1929年受聘于南开大学，任经济研究所研究主任兼文学院经济系经济史教授，与何廉一起大力倡导经济学的中国化，主持了多项中国工业和手工业的调查研究，为近现代中国的经济学教育和研究做出了重要贡献。方显廷亲属提供照片

生活费指数则有助于研究工人生活程度的变迁，了解生计的艰难情况，并为劳资纠纷的解决提供参考标准；因而很快就在学界和社会上产生了良好的反响。

面对当时世界经济大萧条的冲击、日本对中国领土的虎视眈眈和国内政治纷乱的情形，何廉带领南开同人在《大公报》上创办《经济研究周刊》《经济周刊》和《华北经济特刊》，用他们的文章警醒民众"我们现在不但有政治的国难，还有经济的国难"，希望通过自己的研究分析"能够在中国以及世界经济的各方面，给读者诸君一

图3 经济研究所发布的"南开指数"享誉中外，成为了解当时中国经济活动的重要资料。作者提供照片

点点的贡献""使国人更明了华北经济地位之重要，及其与整个中国经济关系之深切，憬悟奋起"。与此同时，他还非常关注底层农民在遭受各种冲击下的生计问题，先后主持东北移民调查和河北、山东、浙江田赋调查等多项研究，被誉为"中国最早重视农业的经济学家"。

方显廷和陈序经等学者加入后，南开经济研究的领域得以进一步拓展，将工业化这个近代中国最重要的经济问题置于中心地位。他们开展大规模的实地调查，包括地毯、织布、针织、粮食等城市旧式工业，以棉纺织业为代表的新式大机器工业，以及手工织布等乡村工业，出版《中国之棉纺织业》《华北乡村织布工业与商人雇主制度》《中国之合作运动》《中国工业资本问题》等一系列具有重要影响的学术专著和调研报告，充分实践了经济学中国化的主张。

南开学者的"经济学中国化"并不只是思想和口号，而且有着从实地调查到经济理论和政策建议的整套丰富内容。在创办《大公报·经济研究周刊》时，何廉就提出"中国之经济研究，非仅明了经济学原理及国外之经济组织与制度，即为已尽能事，贵在能洞彻本国之经济历史，考察本国之经济实况，融会贯通，互相比较，以为发展学术、改进事业之基础，能如是斯可谓之中国化的经济研究"。正是由于调查研究工作的详尽周密，由此形成的学术理论和政策建议也总是能切入时弊、富于中国特色。

何廉在回国之初就考察了国内十多所名校，对经济学课程大量

图4　南开经济学人在《大公报·经济周刊》上发表研究成果，揭露日本帝国主义转嫁经济危机、进行经济掠夺的卑劣行径。南开大学校史研究室提供照片

使用国外原版教材、很少涉及中国国情和分科太细、过度专门化的状况深感忧虑，到南开任教后立即着手对自己的财政学等课程进行改革，搜集中国经济实践方面的资料，编写符合国情的讲义，深受学生欢迎，由此形成的《财政学》教科书很快被全国各高校广泛采用，成为畅销教材，直至近百年后仍被纳入"中华现代学术名著丛书"再版。

在创办南开经济研究所和经济学院之后，何廉即以"经济学中国化"为中心，对上述两方面的问题加强了改革。为了推进教材和授课的中国化，他鼓励方显廷、刘朗泉、吴大业、巫宝三等教师先后编写和改编了《中国之工业讲义大纲》《中国商事法》《统计学之原理与方法》《经济学》等一系列经济学教材，充实了大量有关中国经济的资料，更加适用于中国大学教学的需要；同时还组织南开经济学院教授每两周一次集中讨论经济学术语的中文标准化问题，由此发展形成的《经济学名词》一书，后来被教育部公布并在全国各大学推广使用，使经济界同行都能分享南开学者在经济学中国化方面努力的成果。

针对专业划分太细、知识过于零碎和学生不能学以致用的问题，在前述引进多学科人才、开设综合性课程的同时，何廉要求经济学院第一年只讲授公共课程，第二年介绍经济学基本课程，三年级以后再划分专业；在经济学专业课程中，也以各国经济史、经济地理和劳工、会计、贸易等应用类课程为主，目的在于让学生了解各国经济发展的真实历程和中国经济的现实，纯粹经济学理论类的课程仅占四分之一左右。此外，何廉还参照理工科的教学实验室，创设商品陈列室和会计、统计、银行实习室等，陈列主要交易商品、商

图5 1937年经济研究所第一届研究生毕业照。前排左一为黄钰生，左四为丁佶，左五为张伯苓；前排右五为何廉，右四为方显廷，右二为李卓敏，右一为陈序经。南开大学档案馆藏

用文件单据和统计图表等，并邀请有合作关系的工商界人士来指导讲解，学生也在大学第四年根据自己的专业去银行、企业或农村进行实习，以进一步培养其实践能力。

1935年，南开经济研究所在国内率先招收经济学研究生，同样以中国化和面向现实为培养方向，到1952年，共计招收了14届80名研究生。在国内外很多名校和科研机构的领军人物中，我们都会发现这些昔日南开学子的名字，如在联合国和世界银行任职的吴大业、杨叔进、桑恒康、潘玉璞，加拿大约克大学的陈志让，北京大学的陈振汉、赵靖，清华大学的周华章，中国人民大学的陈余年，北京师范大学的陶大镛，复旦大学的宋承先，辽宁大学的宋则行，武汉大学的吴于廑、王治柱，中山大学的王正宪，中国社会科学院的王

毓铨、聂宝璋、王宏昌、吴兆契，上海社会科学院的雍文远、胡应荣，国家计委的勇龙桂，国家统计局的支道隆，中国人民银行的周林，以及在南开继续任教的滕维藻、杨敬年、陶继侃、钱荣堃、张隆高、熊性美、李竞能、何自强等等。他们都继承和发展了南开经济学中国化和服务国家的理念，为中国经济发展和经济学研究作出了非常重要的贡献。

　　作者为南开大学经济学院经济研究所教授，长期从事经济史研究，编纂《何廉文集》和《方显廷文集》。本文原载于《南开大学报》第 1411 期，2021 年 3 月 15 日。收入本书时作了摘录。

全面抗战前的南开大学
应用化学研究所

伉铁儁

　　1932年，南开大学还没有工学院，应当隶属于工学院的化工系当时尚在筹建中，而应用化学研究所作为理学院的一个组成部分先行创建。为什么要创建这样一个研究所？原因可能是多方面的。但是，在大学里办研究所，强调"学以致用"，使学校的教学与科研结合社会之需要，培养能从事专业实践的有用人才，则是这个研究所创办的目的与宗旨。当1933年出版《应用化学研究所报告书》第一卷时，就研究所的"缘起"写了一段话："我国学校与社会之间，夙称隔阂。隔阂之意，盖谓学科与国情不合，而学生之所学，非即其将来之用也。此其流弊，在工程学科之中，以化学工程为尤显。"因此，南开大学校长张伯苓先生与研究所创办人张子丹教授在给研究所定名时特别强调"应用"二字。

　　南开大学创建应用化学研究所，为国内外有关方面注目、欢迎。

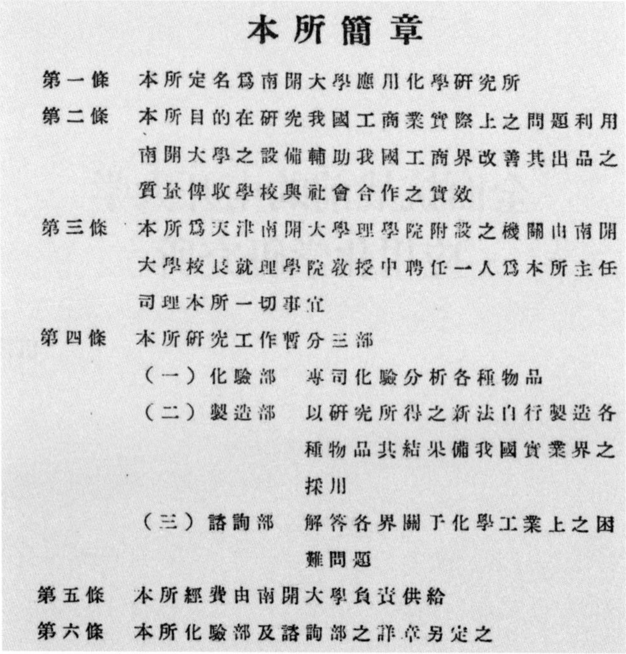

本所簡章

第一條　本所定名爲南開大學應用化學研究所

第二條　本所目的在研究我國工商業實際上之問題利用
　　　　南開大學之設備輔助我國工商界改善其出品之
　　　　質量俾收學校與社會合作之實效

第三條　本所爲天津南開大學理學院附設之機關由南開
　　　　大學校長就理學院教授中聘任一人爲本所主任
　　　　司理本所一切事宜

第四條　本所研究工作暫分三部
　　　　（一）化驗部　專司化驗分析各種物品
　　　　（二）製造部　以研究所得之新法自行製造各
　　　　　　　　　　　種物品其結果備我國實業界之
　　　　　　　　　　　採用
　　　　（三）諮詢部　解答各界關于化學工業上之困
　　　　　　　　　　　難問題

第五條　本所經費由南開大學負責供給

第六條　本所化驗部及諮詢部之詳章另定之

图1　南开大学应用化学研究所简章。南开大学校史研究室提
供照片

因为那时化工尚属新兴科学,大学里办化工类的研究所更属凤毛麟角。
而创办人张子丹教授 20 年代自美国麻省理工学院获博士学位归来,
在国际、国内化工学界负有盛名,由他来创办研究所,可谓众望所归。
更为重要的是"应用"二字为实业界、为社会所欢迎,因此当时国
内有关方面,有关实业界的人士以及拟依靠研究所提供协作的天津
化工制造厂家,都捐助资金,促其筹建,因而张伯苓校长批准研究
所在校内领取的经费很少。研究所自力更生,自己来解决经费困难,
本着少花钱多办事,乃至不花钱也能办事的精神,开展了科研、教学、

试验、生产诸方面的活动。在全面抗战前的那些年，南开大学应用化学研究所办得颇有生气。

1932年应用化学研究所初办时期，由于人力少，子丹教授就从化学系学生当中，选择了几个人，参加研究所的工作，我就是其中之一。子丹教授办事业，不事浮华，不做表面文章，而是要求实干，要效率，要效益。他身为所长，却没有他所不干的事。对于我们这些在学的学生，要求是格外严格，对于一般研究人员、工作人员也一样，每个人都有明确的工作任务、工作数量、研究课题。子丹教授以身作则，每日不分八小时内外，埋头苦干；把研究所当作休养场所，视研究工作为清闲差事的情况，可以说前所未有，也是绝对不允许的。研究所的科研工作人员的队伍，一直保持着短小精悍的特色。人员不多，而严格要求择优使用，避免滥竽充数。

这个应用化学研究所没有高楼大厦，只由学校拨款建筑了一个比较简陋的平房，其中开辟了三间专题研究室，一间普通研究室，一间分析实验室，

图2 张克忠（1903—1954），字子丹，著名化学工程学家、教育家，1928年获麻省理工学院化学工程科学博士学位，先后主持创办南开大学应用化学研究所、化学工程系以及天津市工业试验所，对开创我国化学工程教育和振兴早期化学工业作出了杰出贡献。南开大学档案馆藏

两间化工实验室和一间图书资料室，一间天平室。后来，由于社会上委托任务很多，研究所也生产一些社会上所需的化工产品，才增添了一些简易的厂房，成立了工厂。研究所上自所长，下至研究员、助理研究员，都肩负教学与科研任务，这是大学所设研究机构与独立的科研单位的不同之点。除此之外，由于研究所经济条件所限，加之许多科研、生产设备都不易购置，所以根据需要，工作人员还必须自己担负设计制造化工设备及简易仪器的工作。通过设计并制造这些化工通用设备，不仅解决了生产、科研的需要，也丰富了化工教学的内容。所以，每人都有很多工作要做，负担都不轻。而大家精神饱满，除上课以外，就是在所里搞分析、搞设计、做试验，进行科研，工作效率极高。计划一年完成的分析，用短短一个寒假的时间就完成了，马上又接新任务。我们对于上下班、度假日这类观念很淡薄，除吃饭、睡觉外，几乎大部分时间都是在所里度过。这里面有为造福人类从事科学工作的神圣责任心在支撑着我们，也有古今中外优秀科学家刻苦的传统在砥砺着我们；同时，也由于自然科学研究离不开试验和实验，往往不能上班做、下班停，工作要求连轴转，工作人员也就必须夜以继日地工作。也正是由于大量的科研实践，使我们增长了专业知识，提高了水平，并且锻炼了能适应国内工业发展形势并解决实际问题的本领。

查阅当年的应用化学研究所报告书，从1932年建所开始到1936年五年中，接受委托分析化验样品323个，其中有一些分析化验的目的是仿制。那时候我们的分析、化验设备可供使用的不过是最普通的分析天平、滴定管以及坩埚等，在简陋的条件下，要完成高难度的项目，凭仗着研究人员精湛的分析技巧。在仿制方面，五年中

图3　1934年优铁僬在南开大学应用化学研究所作研究工作。选自优大器编：《优铁僬诞辰一百周年纪念册》

研究所仿制成功的产品有金属磨光皂、油墨、浆纱粉、复写纸、黑铜水、制革发光水、辣酱油等。虽然都是一些轻工业产品，但在当时抵制洋货，发展轻工产品方面，起到了良好的作用。

　　研究解决工业生产中的现实问题，面向社会，是应用化学研究所办所的主旨之一，五年中在这方面做了大量的工作。因为接受委托业务的影响很大，所以除天津市以外，许多兄弟地区也远道来求。接受委托，也可以说是一种带有服务性质的科研业务。服务则必须做到"服务到家"，所以研究所也常把委托单位的技术业务人员请到所里来，手把手地把技术教给有关人员，直到教会为止。因此对于一些工厂企业来说，研究所在推广新技术上，起到了"雪里送炭""传授到家"的作用，深受委托单位的欢迎与赞许。

从20年代到30年代，我国的化学工业和化学工程学都比较落后，化学工程学更是薄弱。应用化学研究所在子丹教授与全体科研人员的努力下，对于化学工业的设计、建筑考察、建议等方面，做了一些试验工作，倾注了一番心血。例如天津利中公司硫酸厂的设计和建筑，就是应用化学研究所的科研及辛勤劳动的成果。原来天津利中公司拟请外商包建一座日产3吨的硫酸厂，需要用设备费25万元，而且还必须由外商所在国家派1名工程师、2名焊工来华，工程师日薪15美元，焊工每人每日工资5美元。而当时利中公司为硫酸厂筹集的资金总额不过20万元，不敷外商的包建费用。在此困难的情况下，利中酸厂的发起人赵雁秋与吴印塘两先生向南开大学应用化学研究所求援。张子丹教授欣然接受了利中的委托，以子丹、洪沉教授及研究员蒋子瞻先生为主，从1933年6月开始投入设计，开展工程建设，到1934年5月，酸厂即得以试车，运转情况良好。公司方面只花费了13万元的投资，酸厂就建成投产。这一项化学工程的建设，时间之短、投资之少、效率之高，都超过了外商的包工指标。应用化学研究所1934年报告第二卷记录了这项成果，并且就这项工程的研究与实践写了一段话："以其费用之低廉，建筑时间之迅速，成绩之良美，本所同人深以为幸，亦以尽同人学习工程之责。因是尤觉中国问题可由国人自行解决，而中国工程师未必不如外人也。"所以，这项化工建设的成功，也长了中国化工科技人员的志气，而利中酸厂的建立，也给天津制酸工业奠定了基础，其意义是很大的。

图4 20世纪30年代，南开大学应用化学研究所与天津永利碱厂、利中制酸厂密切合作，打破了日本在华北地区对酸碱工业的垄断。南开大学档案馆藏

为了把科研成果放到生产实践中去进行考验，并且通过生产实践，进一步提高研究人员的水平，更好地培养人才，使化工系的学生能更多地受到实际的锻炼，同时也为弥补研究所的经费不足，1934年筹建了"南开化学工业社"。经营两年后，于1936年改建为研究所的试验工厂。

研究所的工厂，定名为试验厂，意味着带有研究的性质，在各类产品的生产过程中，出现的新情况、新问题，科研人员注意研究。试验工厂的设备条件与研究所一样，非常简陋，除了研究所的人员兼顾工厂的技术管理等等业务之外，只招聘了三四个工人。但是，可贵的是人的因素，在简陋不堪的小平房里，生产出了制漆、纺毛急需的品种，而且，白手起家自行设计了粗馏设备、精馏装置，还设计了高压装置以及球磨机、高温炉等设备，经过全所、全工厂同人的艰苦奋斗，积极工作，在抗日战争全面爆发之前，应用化学研究所的实验工厂办得初具规模了。

1937年七七事变爆发。7月29、30两天，在敌机向南开大学的轮番轰炸下，试验工厂全部被毁，应用化学研究所奉张伯苓校长命迁往重庆，在南渝中学借地继续开展工作，创办了小规模工厂——南开化工厂。

抗战胜利后，南开大学复员天津，建工学院，我也应母校之聘，重返南开园。1947年子丹先生也返南开大学，为工学院院长，重建应用化学研究所。1952年，全国大专院校院系调整，南开大学工学院各系并入天津大学，应用化学研究所完成了它的历史使命。

作者于1936年毕业于南开大学化学系，毕业后在南开大学应用化学研究所从事研究工作，20世纪40年代留学回国后，历任南开大学化学工程系教授、天津市工业试验所所长。本文原名《抗战前的南开大学应用化学研究所》，载《南开校友通讯》复刊第4期，1983年10月。收入本书时做了摘录。

南开体育名师

徐　悦

　　重视体育，是南开学校教育的一贯方针和重要特色。在张伯苓校长"强国必先强种，强种必先强身"的体育思想和"德智体三育并进"的教育理念指导下，南开学校形成了良好的体育氛围，"体育设备、运动场地，力求完善；体育组织、运动比赛，力求普遍"。与此同时，南开还有难得的体育师资，章辑五、董守义、侯洛荀等体育名师都多年在南开学校任教，指导运动代表队，培养了南开足球队、棒球队、网球队和"南开五虎"篮球队，为南开体育的普及和发展做出了贡献。

　　章辑五（1890—1978），字济武，是民国时期的一代体育名家。1915年，受张伯苓校长的聘请，章辑五到南开学校任物理、英文教员，同时兼任课外体育活动指导员及童子军教练，1918年起开始专任南开学校体育课主任。1923年，章辑五奉张伯苓派遣赴南京东南大学，与该校体育系主任麦克乐博士共同研究如何在中国普及体育，在1924年重返南开学校后，相继担任大学部、中学部、女中部、小学部的主任。1933年，在张伯苓支持下，章辑五赴欧美多国考察体育，并在美国哥伦比亚大学进修，获得了体育硕士学位，1935年回国后仍在南开学校任职。全面抗日战争期间，章辑五任职于国民

图1　南开学校在体育竞赛中获得的奖杯与奖旗。南开大学档案馆藏

政府教育部，负责全国学校的体育教育事宜，并在抗战胜利后出任武昌国立体育师范专科学校校长。

在担任南开体育课主任的 20 年时间里，章辑五不遗余力地致力于推动体育的普及化和科学化。在他的主持下，学校的体育教学涵括了课堂教学、健康（卫生）教育、学生营养、体育运动四个方面。自 1923 年起，学校开始采用麦克乐的年龄、身高、体重分组法，根据学生体检结果，将全校学生分为成人、青年、童子三级，分级教授，因材施教。为充分调动普通同学的运动兴趣，学校设置了形式多样的课外运动项目，鼓励学生组织各类运动团体。章辑五十分注重培养运动员的体育道德和运动精神。他鼓励运动员应具有仁侠精神，追求"高尚义气的精神，诚实公平的态度，有礼貌、有忍耐、有节制的生活"。在 20 世纪 30 年代"选手体育"流行的趋势下，章辑五公开指出，这一趋势实与学校及社会体育的普及相背离，并在张伯苓支持下，取消了南开学校的选手制，鼓励学生自由组织体育团体，以增进责任感和自立意识。

章辑五在担任南开体育课主任的同时，还历任华北体育联合会书记、天津体育协进会会长、天津万国童子军指导员、天津市公共体育场委员及天津基督教青年会体育委员等职，使现代体育在南开学校与天津实现了从无到有、从学校走向社会的跨越，章辑五是其中的重要组织者与推动者。张伯苓曾高度评价他为南开体育做出的贡献："体育主任章辑五君，任事以来成绩优卓，十余年自大学以及男女两中学，得其诱掖，学生体育进步，人人属耳目焉。其为人，不仅对体育技术有深刻之认识，其道德高尚，理论精深尤为人所共称，实我国体育界不可多得之兼全人才。"

　　董守义（1895—1978），我国著名体育家、体育教育家和社会体育活动家，被誉为"中国篮球之父"。他自幼爱好体育，在北京通州协和书院读书时就因球艺出众先后担任了校篮球队队长和学生体育会会长，大学毕业后，在天津基督教青年会体育干事蔡乐尔的介绍下，到天津青年会体育部任职。1922年，经张伯苓校长聘请，董守义担任南开学校体育教师，负责大学部柔软体操的教学，并用三个下午的时间教授篮球等。1923至1925年，董守义被青年会推荐到美国麻省春田学院进修，专攻体育。进修期满后，董守义归国返津，张伯苓校长重新聘请他担任南开学校的体育教练，他还义务指导学生的课外活动。

图2　1929年南开大学篮球队南征优胜纪念。后排左一为章辑五，后排右一为董守义。南开大学档案馆藏

由于南开学校体育的普及，校内相继涌现出许多优秀的运动选手和实力雄厚的运动团队，南开学校历年在天津、华北、全国、远东各类运动会及球类比赛上所得银杯不下数十个，锦标超过百面。学校对篮球极为重视，除普及这一项目外，也专门组建了几支篮球队，平时经常对外举行友谊比赛。据曾任学校篮球会会长的祝步唐回忆："董先生为人谦和，做事负责，对体育深有研究，并对各种运动的技术，素养高超，尤其各种球类，无不精通，每次示范，令人折服。经其教练半年，球队有了长足进步，除球技、体能外，尤其在运动精神方面，较前不可同日而语。"董守义也受邀到篮球会向队员们讲解有关篮球运动的规则、外国篮球运动的发展情况，以及身为一个运动员应具有的道德观念及守法精神等。1927年，董守义介绍齐守愚到南开任体育教师，并协助自己训练球队。

　　在名师指导下，南开学校的篮球队球技日进。"南开五虎"篮球队在1929年华北运动会上连克劲敌，夺得华北篮球锦标；后远征上海，连胜青年会西国队、沪江大学队、美国海军队，并力克远东运动会篮球冠军菲律宾托马斯大学队；1930年又相继获得万国篮球赛冠军、杭州第四届全国运动会篮球冠军；后又作为主力加入了中国篮球代表队，赴日本参加第九届远东运动会。至此，"南开五虎"篮球队享誉全国、威震远东，成为中国篮球运动史上的一个传奇。为表彰董守义带领南开篮球队南征北战取得的辉煌战绩，南开师生特于1929年赠送给他一枚刻有"为国争光"字样的银盾，以资纪念。

　　侯洛荀（1901—1990），1924年以优异成绩毕业于南京东南大学体育系，受张伯苓校长聘请到南开学校任体育教员，毕生奉献于南开学校的体育事业。侯洛荀对体育教学十分执着，不辞辛劳，认

图3 南开大学女生篮球队。南开大学档案馆藏

真负责。1929 年冬季，南开大学的 10 名学生参加天津体育协进会主办的一万米越野赛跑第三次决赛，4 人成绩名列前茅，荣获团体第一锦标，并斩获个人冠军。队长秦祖培赛后发表感言："此次本校野跑队获此空前荣誉，论功行赏，当推指导侯洛荀先生。侯先生不辞辛劳，每天早晨六点半前即牺牲其'被中'之乐，来校指导练习，虽侯太太数次劝阻，不为之动！其热心指导，公而忘私，实今世所不多得！"在侯洛荀的指导、训练下，队员的身体素质和精神境界都得到了提升，参赛选手中也有弱者，但他们都能坚持到底，没有一人临阵脱逃，"其一种'咬牙'的精神，尤堪为各校冠"。

在普及体育的方针指导下，南开学校开女子体育教育之先。体育被列为本科一年级至三年级的必修课，南开大学的女生从不认为参加运动是件辛苦事，无论在严寒的冬天，还是酷热的夏日，她们都和男生一样活跃在操场上。自 1929 年下学期开始，学校正式请男生体育教员侯洛荀兼任女生体育课的教师。"侯先生对于女同学的体育素称热心，继任以来，更是指导殷殷，不遗余力。"南开大学的女选手多次参加天津联合运动会、华北运动会及全国运动会，屡创佳绩。

侯洛荀擅长球类运动，除体育教学外，还兼任着南开足球队、棒球队、垒球队的教练和裁判。1936 年他作为"中华赴欧体育考察团"成员远赴德国柏林观摩第 11 届奥运会，并到多个国家考察体育教育。由于他精通各项体育项目的比赛规则，所以经常担任国内各项重大体育赛事的裁判员。抗战全面爆发后，他参加了湘黔滇旅行团，随校南迁，执教于西南联大，坚持体育教学。南开复校后，侯洛荀

图 4　章辑五（后排左一）、侯洛荀（后排左二）与南开足球队。南开大学档案馆藏

被聘为体育组主任,直到1985年退休。他始终坚持在体育教学第一线,严格管理体育教学,并一如既往地大力推动体育在大学的普及。

此外,著名排球教练陶少甫,东南大学体育系毕业的文进之,北京师范大学体育系毕业的刘冠军、赵文选,南京体育专科学校的廖蔚棠,等等,也都曾受聘到南开学校进行体育教学。他们在张伯苓校长的感召下,奉献于南开学校的体育教学,提高了学生的运动水平,培养了许多优秀运动员和运动团队,更开创了南开学校重视体育教育的优良传统。

作者为南开大学校史研究室副编审。本文选自龚克主编:《南开大学史话》,社会科学文献出版社2016年版。

周恩来

——南开最好的学生

张希陆

敬爱的周恩来总理的中学时代，是在天津南开中学度过的。那时候，这所中学叫天津市私立南开学校，是按照欧美的教育制度于1904年建立的新学堂，我父亲张伯苓担任校长多年。

周总理是1913年8月至1917年6月在那里念书的。1919年五四运动期间又在天津念南开大学。到全面抗日战争期间，他又常来重庆南开中学。我比总理小三岁，比他低一班。在学校或在我家里，我们经常接触。他风度翩翩，神采奕奕，举止安详，言谈不苟，毫无时下青年学生的俗习。张校长一再说过："周恩来——南开最好的学生。"

周总理上中学时，每过几个礼拜天，就到我家吃午饭，吃的是贴饼子、煮稀饭、熬小鱼。后来总理开玩笑说："我小时候，校长给我熬鱼吃。"在我家里，总理同校长进行长时间谈话，谈论社会问题、

图1 南开大学八里台校区主楼前矗立的周恩来总
理塑像。南开大学新闻中心提供照片

国家大事、国际事务，还谈及《评论之评论》里的文章，有时谈得很晚。
我在旁总是没听懂。总理关心国内外事务的精神，在当时中学生中
是很突出的。他辩难析疑，勇于追求真理，渴望祖国富强，是一个
朝气蓬勃、立志救国、才华出众的爱国青年。

　　说周总理是"南开最好的学生"，不只说他的考试成绩，文凭上
写着平均分是89分多，而是说他的能力，全面发展的情况。有一次
全校演讲比赛，我们在礼堂听演讲。周总理也参加比赛。他上台演讲，
言宏词峻，理壮力强，声音洪亮，态度轩昂，富于感染力，听之折服。

他讲的题目是"中国现时之危机"，批判北洋政府，义正词严，忧国爱民，溢于言表。这是大胆冒险之举，给人留下深刻的印象。事隔60年，至今仍不忘。

周总理对人热情，挚于友谊，一心为公，有牺牲精神。他组织的"敬业乐群会"，我也参加了。这个会办得活，经常搞演讲会、茶话会、读书会、出刊物等，比其他学生团体办得好。他热心搞这些活动，为同学服务。有一次，我中午到他的宿舍看看，只见他俯首执笔，疾书文稿。他中文造诣深，知识渊博，精力充沛，原来《敬业》《校风》里的长篇稿件，都是他挤出时间写成的。他在学习之余，挤时间多做工作，这种精神深得师生钦佩。他办事很认真，为了演好新剧，还同新剧团演员李福景一齐住，揣摩剧情，谓"生活于剧中"。

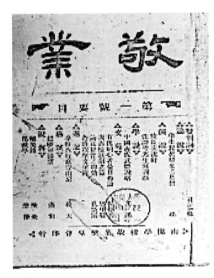

图2　周恩来主编的《敬业》《校风》。南开大学档案馆藏

图3 1917年9月，周恩来去日本求学前给同学写下的临别赠言。周恩来邓颖超纪念馆藏

1919年春，周总理从日本回国，上南开大学，参加了五四运动。那时我在清华念书，冬天放寒假时，我回到天津。翌年1月29日，天津学潮闹得很厉害，我同一些老同学一起参加游行，学生包围省署，在省署门前学生要见省长曹锐。我站在离大门不远的地方，亲眼看到周总理和郭隆真等四人从大门下面的缝里钻进省署。他们是学生代表，可是一进去就被捕挨打。接着军警用枪托、刺刀、大刀背殴打学生，军警乱推乱打，许多学生受伤，我躲避不及，后脑勺也挨了一刺刀，至今留下伤疤。当时《益世报》曾夸大我受伤之事。周总理率领学生英勇斗争的情景，至今仍历历在目。

1920年夏，周总理被释放后，南开校董严修向张校长提出，要推荐两个学生出洋留学，一是周恩来，一是李福景，征求张校长的意见。这件事，我还记得。当时出国是去英国，后来才转到法国勤工俭学。总理到法国后，加入共产党。有人在严修面前告状，说严修供了一个共产党。严答道："人各有志。"照常供给总理留学的费用。直到解放后，校长由北京回天津时，周总理欢送，并请我们吃饭，还向我父亲要一张严修照片，说："严修的话，是颇有见识的。"总理旅欧期间，常给天津《益世报》写文章。因为他出国

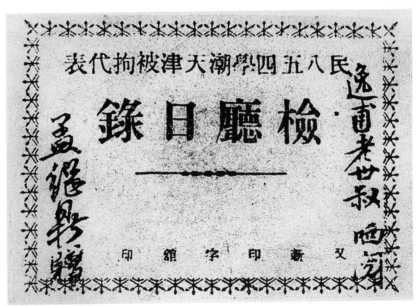

图4　1920年1月29日，周恩来等学生代表被捕，遭监禁达半年之久。出狱后，周恩来根据日记及狱友回忆，撰写了《警厅拘留记》和《检厅日录》，记录了狱中斗争详细情况。

时，答应当《益世报》驻欧通讯员，补贴一点费用。这份报纸是法国教士雷鸣远办的，还能如实报道国内外新闻。

南开办校的传统方针：严格训练好基础课程，自由发展各人特长，重视爱国教育，允公允能，互励互勉。1937年七七事变，日本飞机轰炸天津，炸毁南开校舍。一个日本军官曾对西方记者说："南开是我们二十多年的敌人。"南开的教育是有成绩的，为国家为社会培养了不少人才。周总理曾多次讲过，他的成就得南开的教益不少。张校长非常器重周总理，周总理也很尊重张校长。在老校友中流传着这样一句话："他们的关系是溢出于普通师生之外。"他们之间的来往很密切，一直没有间断。在中学期间，总理家境困难，南开学费膳费都很贵，学校让他刻蜡版，缮写文件来补贴生活，这类事一般都是给好学生干的。我小的时候，还见过校长在经济上补贴过总理。在抗战期间，总理在重庆领导八路军办事处的工作，广泛团结爱国人士抗日。他几乎每周末都到重庆南开中学，同校长或师友会面，通俗易懂地宣传党的政策、抗日统一战线的主张，阐述毛主席的光辉思想，讲述壮烈事迹，回忆长征故事，指明救国方向。校长和师友都很愿意倾听他的意见，政治认识有所提高。有时在我家里，他还同政治上敌对的南开校友争辩，坚持原则，注意策略，众人缄服。不论在什么场面，他都在为革命工作。

1951年2月23日下午，张校长去世，我给总理去电报。第二天上午10点，总理到天津，由黄敬市长（又名俞启威，南开学生）、许建国副市长等陪同到我家吊唁。吊唁后，大家都到小屋里休息，有人问总理，对张校长如何评价。总理说："看一个人应当依据他的历史背景和条件，万不可用现在的标准去评论过去的人，张校长在他一生中是进步的、爱国的，他办教育是有成绩的，有功于人民的。"总理还说，校长晚年失节，但究竟还没有跟蒋介石跑到台湾。我们要用历史唯物主义来看问题。总理对校长的正确评价，使在场的老校友心里佩服感动，有的潸然泪下。这时我想起重庆解放前夕，蒋介石和蒋经国先后两次到我家，逼校长到台湾的情景。校长装病走不了，我母亲说想念天津的儿子，要回天津老家，结果蒋介石没法。重庆解放后，总理把校长接到北京。总理很关心我家生活，在1961年困难时期，总理把自己的高干购物证给我母亲，还送给500元，嘱交际处徐科长关心我们。总理对我家政治和生活上的关怀，我永远不忘。

作者原名张锡禄，数学家，系南开创校校长张伯苓的长子。本文撰于1977年12月29日，原载于《南开校友通讯》复刊第2期。

十年的南开生活

吴大猷

　　1921 年秋，我入南开中学未改"三三制"前的一年级，1925 年读完高二，考入南开大学矿科，1929 年在南开理科毕业，秋任物理教员，至 1931 年秋去美，入密歇根大学研究院。我在 14 岁到 24 岁的 10 年间，完全是在南开度过的。这段时间，国家经过许多变迁。我个人则获英文、数学、物理、化学的基础训练，最重要的是养成对科学的志趣，对事物的判别态度和能力，和完全自立、不求人的习惯。

　　这 10 年的一段，有形无形地决定了我后来 50 年的生命——学术生命和 10 余年来在台湾为科学和教育的工作。回忆这段时间，尤其在南开大学的几年，自己在课业上是"顺利"的，志趣是相当明确的，生活是极度单纯的，对自己的前途是不甚忧思而抱"船到桥头自然直"的态度的。在离校前的最后两年，是初恋的时期。总之，南开是我生命中愉快的一段——是觉得有光明前途的希望的青

年时期。

　　1921 年夏，伯父远基受聘为广东旅津中学校长，由广州带从兄大业、从弟大任、我、四叔父（绵基）出的从弟大立，四人到天津。大业和我同年同月生，比我大十五日，大任小我一岁，大立小我两岁（大业、大任生于天津，我和大立生于广州）。投考南开，大任和我编在一年级，大业、大立则在补习班。我们搬入宿舍（第三斋），四人刚好住满一间房。我们四人都有划一的蚊帐、被褥、衣箱、洗面具等。洗脸室不在宿舍里，洗澡更是在另外一个地方。每天早晨，我们四个人一齐地拿着脸盆去洗脸，一齐去食堂。因为我们差不多一样高，四人成队，确惹人注目。

　　南开的宿舍，管得很严。每天晚饭后，7 时起到 9 时半，每人都

图2 吴氏四兄弟，左起依次为吴大任、吴大猷、吴大业、吴大立。选自南开大学校长办公室编：《吴大任纪念文集），南开大学出版社 1998 年版

坐在宿舍房中自修。房子很小，两边各两张床，中间四张小桌，四人成两对地面对着坐。斋务课的先生不时地在两排房子的中间走廊巡视，只要哪一个房间里有人谈话，立刻便在玻璃门上轻敲警告。9时半铃响，到 10 时铃再响，中间的三十分钟，大家可以"自由"一下。10 时大家预备就寝，10 时一刻就灭灯。此后一有人谈话或别的声音，又立刻有人轻敲玻璃门! 早上 7 时铃响起床，不起来便有先生来叫。

宿舍里不许吃东西。我们入校时，带有些罐头水果等，照规矩是应拿去食堂吃的。我们实在懒得拿着罐头走好远去吃，偷偷地在宿舍里吃了。但是问题是如何处理那些空罐。每一斋（二十多个房间）有一个堂役（后来称"工友"了），管清洁的，但我们不敢把空罐扔在垃圾桶。有一次我们买来大海蟹，将壳包好放在垃圾桶里，那位堂役叫我们"从哪里拿来地拿回哪里去"。南开宿舍外便是一大污水池，顺风时将臭气灌入宿舍的窗子。每天有时有水车从后门出入。我们等着开门时，将空罐和不能扔入垃圾桶的其他东西，用报纸包好，溜出后门，扔入臭水池里，才放了心。

每周有一组斋务课的先生巡阅各宿舍的房间，脏乱的便得警告，干净整齐的，便在一个挂出来的表上该周的格中，盖一个"美"字。一个学期末，如得到百分之九十以上次数的"美"，便给该房每人一个奖，有时是特烧上字的瓷茶杯，有时是把折扇。

中学那时有两个食堂，每月（连星期日）的饭费是五元（所谓"大洋"）。六人一桌，每桌四碟菜，肉甚少，有也是在菜上铺的薄薄几片。此外一青菜汤，不限量。饭和馒头是随便用的。每桌有四双"公共筷子"，四把"公共匙羹"，是很卫生的制度。只是六个人只有四双筷子，四个人等菜一来便先夹了肉去，另外两个人以匙羹去抢薄肉片是很吃亏的。

每天在第二节课和第三节课之间，全校学生（一千多人）都一齐在操场，做十分钟的柔软体操。初时的"体操"课，是穿制服的兵式操。后来改为"体育"，有球戏。天津冬天很冷，穿单的制服（虽然底下穿小棉袄）在室外做体操，是很苦的事，尤其我们脚生了冻疮，穿皮鞋和脱皮鞋都受折磨。

我们兄弟四人，买了一双足球鞋，那时的足球好似比现在的重很多，所以球鞋是硬的，好几元一双。我们有时两个人去踢球，一人穿左脚的，一人穿右脚的。南开只有几个网球场，有时早上很早便去体育课外排班订场，每人可订一小时。那时天津的英租界有外人的球会，有小贩偶尔拿外国人的旧球拍和用过的球，在学校旁地摊上卖，能买到还是不容易的事。

那时南开的学费宿费（中学和大学好似相同），每年共九十元（暑期另交一些宿费）。我们四兄弟，每人每年一切（学、宿、膳、领用等）的费用（暑假两个月除外）是二百元。这个数字，当时不是我们农村的家庭所能负担的。许多年——一直到全面抗战开始——在北平雇一个由农村来的女佣，工资每月只三四元（自然供她吃住的）。南开在华北，是颇有声誉的中学，但到全面抗战时，中学男生部大约还不过一千学生，女生部大约几百人，大学只有二百多人（不会超过三百人）。

在中学，每周有相当于目前台湾学校的周会。有时是张伯苓校长讲话。他是很自然地"训话"，题材顺口出来，庄中亦有谐，从来不讲空洞大话。他身材魁梧，我们对这位校长，都有对又严又慈的老家长之感。虽然只是中学，但学校常请到名人来演讲，如杜里舒、高斯（后来美国驻华大使）、汪精卫等。每年春，总请大学的文科、理科、商科的教授各一位，来中学演讲，为将毕业的学生选择科系介绍各科。

我在1925年春，读完高中二年级，决心投考南开大学的矿科。考试的国文，成绩平平，物理则因该课在中学分二年（高二和高三）教，我只习了高二的那一半，故考得平平。数学尚可，惟化学（是高三所授，实大学的普通化学也）及英文则极佳。闻阅卷的教授，曾以之互相传阅云。

矿科一年级的课程颇重，有英文、微积分（姜立夫先生）、物理（饶毓泰先生）、化学定性分析（邱宗岳先生）、矿物学（曹胜之先生）、测量学、工程绘图（沈先生）、岩石学（曹先生）及各部门的实验。姜、饶、邱都是学德皆高的名师也。姜师弟子先后有刘晋年、江泽涵、申又枨、陈省身、吴大任多人。我的第一年成绩，只物理的上学期得了B+，其余皆为A。学年初，物理初次月考只得了C，实未入门。至期考时窍已通，此后渐成熟，对物理兴趣渐增。

翌年（1926年）捐资办矿科的李组绅氏，以事业不胜继续支持

图3 1926年南开大学科学研究会合影。前排左四为饶毓泰，二排左三为吴大猷。南开大学档案馆藏

图4 1929年南开大学理科学会部分会员合影。前坐左二为吴大猷,后立左一为陈省身。
南开大学档案馆藏

矿科（实则矿科的教授，不过五六而已），故被逼停办。我可转入理
科的任一系，我决习物理。时物理教授有饶毓泰及陈礼二师。陈师
任预科之物理、电机、无线电、电磁试验等科，饶师则于普通物理
外，每两年轮授力学、近代物理、气体运动论、光学、电磁学等课程。
习物理的学生，与我同时（三、四年级）的不过六七人。

我在大学，物理的课程外，习了微积分、高等微积分、高等解
析几何、微分方程式（张锡禄）、近代代数、复变函数（姜立夫）、
定性化学分析、定量化学分析、物理化学（邱宗岳）、气象学（竺可桢）、
矿物学、岩石学、测量学、世界文学（司徒月兰）、德文（段茂澜）、
国文（戴君仁、范文澜）等。距五十年矣。每一课程的教师及课题，

——如在目前。

1929年，我于大学毕业，饶师得中华教育文化基金董事会之研究奖助金，出国去德，从事原子的 Stark 效应的实验研究。陈礼师亦辞教职。学校聘有卢祖诒先生（习电机于美国麻省理工学院）任普通物理，然力学、近代物理等课程，一时未得任教之人。邱师等皆令我任该二课。所谓"蜀中无大将，廖化作先锋"也，任此二课，得益者恐是我自己。但亦勉强胜任。1931年秋，得饶师及清华叶企孙先生之推介，得中华文化基金董事会的乙种研究奖助金，又由四姑母（陈继承夫人）处借了四千元，去美国密歇根大学，结束了十年的"南开"生活。

在密歇根大学习博士学位时，通常先习若干基本（研究所级的）课程。我以在南开大学授力学时的讲义笔记示物理系教授时，伊等以为我不必习某些课程，如"高等力学""高等电磁学"等。故我于1931年9月（"九一八"后）抵校，于1933年6月得博士学位。此虽不足道，但可示在南开"作先锋"的自己努力，颇有被未料及的"用处"也。

作者为著名物理学家、教育家，南开大学杰出校友。本文选自吴大猷：《十年的"南开"生活》，《中国科技史杂志》1993年第2期。收入本书时作了摘录。

回忆在天津开始的戏剧生活

曹 禺

20世纪20年代初，我进入天津南开中学读书。那时张彭春先生负责校务，喻传鉴先生是教务主任。张彭春曾先后在美国哥伦比亚和耶鲁大学研究教育和戏剧，对戏剧很有兴趣。南开中学每到校庆和欢送毕业同学时，都要演戏庆祝，成为一种传统。演"新剧"起源于张伯苓先生。他早在1909年（宣统元年）时就提倡新剧，目的在于练习演讲，改良社会。南开新剧第一次公演的剧目是张伯苓先生自编、自导、自演的《用非所学》。

我大约在十五岁时就加入了南开新剧团，演过很多戏，几乎都是张彭春导演。师生合作，参加者有伉乃如、吕仰平、陆善忱等，我也演过陈大悲的戏，如《爱国贼》。

当时的风气，男女不能同台。我在中学时多半扮演女角色。我演的头一个女主角戏是易卜生写的《国民公敌》。我们排演认真，

120

费时两三个月之久。这个戏写的是正直的医生斯多克芒发现疗养区矿泉中含有传染病菌，他不顾浴场主的威迫利诱，坚持要改建泉水浴场，因而触犯了浴场主和政府官吏的利益。他们便和舆论界勾结起来，宣布斯多克芒为"国民公敌"。那时正是褚玉璞当直隶督办，正当我们准备上演时，一天晚上张伯苓得到通知说"此戏禁演"。原来这位直隶督办自认是"国民公敌"，认为我们在攻击他，下令禁演。等他倒台后，此戏才得以演出，很受欢迎。

图1　曹禺（1910—1996），原名万家宝，中国现代话剧奠基人、著名剧作家，被誉为"东方的莎士比亚"。1922年入读南开中学，其间参加南开新剧团，1928年入南开大学。曹禺后来回忆，在南开大学读书时就萌发了创作《雷雨》的想法。南开大学档案馆藏

1928年10月公演了易卜生的名剧《娜拉》，由我扮演娜拉，张平群演娜拉的丈夫海尔茂律师。我们一面上学，一面排演，每次演出都很用心，很努力。当时《娜拉》的演出在天津是件很大的事，尤其在教育界引起很大的注意。演出后报纸上纷纷刊载评论，受到观众的热烈欢迎。后来我演《新村正》，这是南开新剧团自己写的剧本，故事情节我忘了，记得我还改写过一遍，那时我已上高中，不是男扮女角，而是男女合演了，同台演戏的有伉乃如。华午晴先生搞的舞台布景。

南开新剧团经常介绍外国戏，有的加以改编，成为中国可能发生的故事，人物也都中国化了，但主题思想不加更改。这样做，是

图 2　1928 年曹禺在《国民公敌》中饰演女主角裴特拉。南开大学档案馆藏

为了适合我们的舞台条件和观众的接受能力。如我改编过 17 世纪法
国伟大喜剧家莫里哀的《吝啬鬼》（即《悭吝人》），戏名改为《财
狂》，由我扮演主角，并请曾在外国学过建筑学、"新月派"文艺团
体的林徽因先生负责舞台设计，那是很讲究的，布景是写实主义的，
在业余剧团中算是很好的了。

改编本把原来五幕缩为三幕，把原剧的主人阿尔巴贡改为韩伯康，
艾利丝改为韩绮丽。《财狂》在南开瑞庭礼堂公演，轰动了华北文
艺界，天津《大公报》还出了纪念特刊。我们演《财狂》时，郑振铎、
巴金、靳以都由北平来看戏。此外我还导演过英国作家王尔德的《少
奶奶的扇子》（原名《温德米尔夫人的扇子》）。

英国人高尔斯华绥的戏《斗争》，是写工人罢工的戏，改编后改
名《争强》。这出戏写劳资斗争，最后双方都妥协了。我演资方的

董事长，张平群演工人代表。那时我思想落后，高尔斯华绥这个戏是宣扬劳资合作，号召妥协的。

南开新剧团对我影响很大。我原想学医，两次投考协和医学院，都没考上；后来考入南开大学学政治，但是学不进去。在南开和以后在清华大学时，我得到图书馆的许可，可以进入书库，在那里浏览较广，从有关先秦哲学的简单著述，到浅近的有关马克思学说的书，更多的是读中外文学和戏剧书籍。由于南开和清华大学的环境，我得到一些知识。南开新剧团的活动，启发了我对戏剧的兴趣，慢慢

图3 张彭春（左）指导曹禺（右）表演话剧《财狂》。南开大学档案馆藏

离开学科学的打算，终于走上从事戏剧的道路。

我很留恋青年时代在天津的这段生活。我从十五岁至今天（七十二岁），一直从事戏剧工作。南开新剧团是我的启蒙老师：不是为着玩，而是借戏讲道理，它告诉我，戏是很严肃的，是为教育人民、教育群众，同时自己也受教育。它使我熟悉舞台，熟悉观众，熟悉应如何写戏才能抓住观众。戏剧有它自身的内在规律，不同于小说或电影。掌握这套规律的重要途径，就是舞台实践。因此，如何写戏，光看剧本不行，要自己演；光靠写不成，主要在写作时知道在舞台上应如何举手投足。当时剧作家不都是走我这样的道路。张彭春去美国时，给我留下一套英文的《易卜生全集》，对我影响很大，大部分我都读了，有的太深，不大懂，没读。那时我太年轻，还在中学，英文也不好。易卜生是"近代戏剧之父"，近代戏（也许除去现代各种流派的外国戏）无不受易卜生的影响。它不仅是写实主义的，同时也是象征主义的。他的哲学思想和写戏方法，影响极远。他是一位戏剧大师。

体验生活是近来才有的词，我写《日出》《雷雨》当然也得体验生活。这两个戏的故事情节都是我天天听得见、看得到的亲戚、朋友、社会上的事。有人说《雷雨》的故事是影射周学熙家，那是无稽之谈。周家是个大家庭，和我家有来往，但事件毫无关系，只不过是借用了一下他们住在英租界一幢很大的、古老的房子的形象。写鲁贵的家，取材于老龙头车站（东车站），一道铁道栅栏门以外的地方，过去那个地方很脏。《雷雨》的剧本最后是在清华写完的。

《日出》一剧，事情完全在天津，当然和上海也有关系，如写交际花一类的事。地点也可以说基本是在天津惠中饭店，另外是南市三不管一带的地方，那里有很多妓院。翠喜、小东西是确有其人的，妓女们的心肠都很好，都有一肚子苦子。我不敢独自到那些地方去。当时的天津是暗无天日的地方，动刀杀人，无奇不有，我是由朋友带去的，读书人跑到那里去，很不容易。我接触了许多黑暗社会的人物，慢慢搞熟了，才摸清里边的事，不过很难。《日出》中砸夯，是天津地道的东西，工人是很苦的，那时盖房子、打地基，没有机器，一块大铁饼，分四个方向系绳，由四个人用力举起，然后砸下，一面劳动，一面唱，节奏感很强，唱起来也蛮有劲。他们唱的都是一段段故事，也有即兴打趣的内容，有领唱。我一看就是两三个小时，写在《日出》里的夯歌，是我自己编的词。

天津的话剧活动并不只是南开中学一家活跃，很多中学都在演戏，汇文中学、新学书院，还有一个外国的女子学校都在演。黄佐临是

图4　曹禺题词。南开大学档案馆藏

新学书院院长，他是很有名的戏剧导演，他的女友丹尼用英文演莎士比亚的《如愿》，由他亲自导演，还请我去看过。

天津的话剧运动在"五四"以前就开始了，周恩来同志就是当年南开编演新剧的积极分子。1915年南开学校十一周年时，他参加演出新剧《一元钱》，获得很大成功。我比周恩来小十二岁，在学校时没有见过他的面。后来我听说邓颖超同志也演过戏，我看见过她扮演男角色的照片。那时南开中学男生扮演女角，女中部是女生演男角，男女不能同台。再早的时候，革命党人王钟声，1907年在上海组织新剧剧团春阳社，上演《黑奴吁天录》，1909年带领剧团北上，曾在日租界下天仙戏院演出《爱国血》《秋瑾》《徐锡麟》等爱国的、反帝反封建的、反袁世凯的戏。这些戏都是刘木铎编写，由王钟声演出，极受观众欢迎。这是天津最早的话剧运动。后来王钟声被张怀芝杀害。

新剧原是宣扬"文明"的戏，不唱。他们认为京剧内容封建，"不文明"。"文明戏"的内容是革命的、反封建的，"文明戏"是中国的早期话剧，这个名词原无贬义。天津是革命话剧发祥的地方，对戏剧发展很有贡献。

张伯苓主张搞新剧很不容易。那时有人认为搞新剧是下流的，可张伯苓却认为新剧和教育有关。天津造就了很多人才，天津话剧运动的贡献是值得一提的。

作者为著名剧作家、南开大学杰出校友。本文选自中国人民政治协商会议天津市委员会文史资料研究委员会编：《天津文史资料选辑》第19辑，天津人民出版社1982年版。收入本书时作了摘录。

南大被炸之追忆

郭屏藩

今年（1944 年——编者注）为南开成立四十周年。这四十年几无一年不是在困难奋斗中挣扎长进，所以吾们称今年为南开四十周年纪念固为恰当，若称之为校长四十年奋斗史，或更富有意义。今喻主任（指喻传鉴——编者注）嘱我写篇关于南开大学被炸前后情形，闻命之下，一番甜蜜回忆，一片悲痛沉思，不禁一齐涌起。我自从被迫别校后，活活像一个可怜可笑的失恋青年，感觉万事乏味，浑身提不起劲来。说真的，几年来，未曾大笑过一声，未曾畅谈过一次，虽有时强打精神，只不过兴奋一时耳！虽自知是病态，然亦无可如何者也。不过只有一个例外，就是遇着南开旧人，谈起南开旧事，虽是些不愉快之事，或是见到南开青年，就是那些我不甚熟悉，只要沾些南开味道，带些南开派头，南开神气，由沙坪坝来的一般青年，我就像扎了一针似的，马上就兴

奋起来，不觉又年轻了几岁。而那久经潜伏的一股爱说好笑的脾
气，又热烈地活跃出来。我明知这是幼稚，有失大雅，然情之所使，
他人之笑，亦无照顾及也。今也逢此良机，重温七年往事，欣喜
何似！惟详情细节，难免错误，尚希诸师长校友不吝指正。

　　七七事变后，敌人对吾校使用监视与扰乱的阴谋，手段花样，
层出不穷。三天一来参观，五天一来拜访，所发问题，似背诵固定
格式，虚伪张皇，诈情毕露。某天，竟指明要约学生马大恢、沈世
杰等谈话，立将伊等骗出。乃惹起同学公愤，彼时正值暑假，校长
因公在南京，黄子坚先生又去北平，留校学生五十余人，颇不安心。
幸黄先生于第一次平津通车，即赶回天津，商约杨石先先生，计划
校务，以应事变。先劝留校学生回家，无路费者准予借给，有几位

图1　被日寇炸毁前的南开大学。南开大学档案馆藏

愿到保定劳军者，亦予资助。其余因交通不便，或无家可归者，统令集中秀山堂居住，以策安全，而便照料。惟女生统需离校，当时有几位腿软口强者要求住校机会平等，苦口婉劝，乃始成行。几家教职员家眷，鉴于以往几次疏散，白白损失，亦多意存观望，卒以学校一再敦促，方各整装待发。校务粗定，师生即分组工作：有探访组，担任打听消息、抄录广播，收号外、听谣言，一有重要消息，即行分贴各处；有治安组，白天检查行人，夜间手持木棒，恫吓盗贼，喊叫"口令"，尤喜对准教授窗子，不知惊醒了百树村太太们多少美梦。夜间有茶有点，过来颇不寂寞。留校教职员，忙办疏散书籍、仪器事宜，因全市汽车多半被敌人强征，只有茂达一家，因系主顾，尚可供给两辆，所以公物未能全部运出。惜几位教职员，因忙于校务，

图2　南开大学秀山堂被炸前。南开大学档案馆藏

图3 南开大学秀山堂被炸后。南开大学档案馆藏

行李什物尽弃校内。在此我感谢张新波先生，某日汽车上有点空位，坚劝我疏散物资，我当择其细软者，如皮鞋、大衣、皮袍等装成一包，掷在车上，这几样东西，是我今天仅有的宝贵产业，每当穷神逼来，辄用此骄而却之。

待至 27 日，有谓丰台已克复者，并密传我二十九军将夺取日本租界，大家皆喜形于色。至 28 日下午，忽见各处敌人行动张皇。又据工人报告，敌人在校门北六里台附近掷下步枪一支，大家以为必系小鬼将行无赖，借口生事。一面通知留校教职员家眷及学生速行离校，一面特加戒备。下午 5 时前后，校中疏散最忙，若再稍为迟疑，损失不堪设想。是晚，我应 2 点值班，11 时就寝，不及半时，武伯平先生扣门急呼，谓外面有枪声，披衣急走门外，见三五团聚，情绪紧张，有谓二十九军已过校门北上，大家在静候佳音。不料待至一时许，闻我军退回，散布各处苇地。我校同学，赶忙分送茶水食物。至黎明，敌机起飞，炮声复作，黄子坚、杨石先两先生，率领全校人等，结队赴教员宿舍23号旁乘船暂避。工人、学生、教职员依次前进，将近河边，目标显露，敌人骤然集中射击。北望同文书院楼顶上敌之发炮情形，清晰可见，吾等仍相让登船，镇静秩序得用不浅。否则，不死于夷，亦溺于水矣。奈敌炮火仍随船射击，每当枪弹之来也，我骤低头躲避，黄先生与我南北并肩而坐，乃嘲笑我："老郭莫要自私，你低头，炮弹不就打着我吗？"全船哄笑，空气一松。船行里许，至王顶堤小村，枪声渐稀，乃停船休息，见村人工作依然，若不知有战事发生者。自愧吾等文人，平时纸上谈兵，气壮山河，一遇题外文章，骤而莫知所措。伊等招我下船，享以煮包谷。一老者来问，是鬼子打靶，还是又捣乱故技？盖敌人每隔数日，例行捣乱一次也。

食毕，几位前进分子，仍愿继续西上。黄、杨两位先生以仓促出校，诸事待理，乃商张新波、赵世英及余等返校。欣然从之，随行者尚有学生五人。一入校园，但见弹壳星布，寂无人声，一片惨淡景况，不忍卒睹。进秀山堂，黄先生捐白面一袋，烙大饼，饱餐一顿，精神复振。乃巡查校内情形，并商谈觅船运书等事。甫至大中桥，枪声又作，乃急回秀山堂，集合留校人等，一同走下地窖。少顷，闻芝琴楼门窗玻璃落声，哗啦不绝，乃一齐作卧倒式，以避由窗门射入之弹片。既闻楼顶有爆炸声，知此地不可久留，乃作突围计划，个别由后小门扶墙徐行。及至教员宿舍三号，枪声之密，只可以"弹雨"二字形容之，始知行不得也。又由原路折回，决与秀山堂吉凶共之，仰地而卧，抱消耗敌人弹药主义。忽外号房霍文来报，日本坦克车已开到六里台，请作准备。当时张新波先生挺身建议："与其被敌人活活捉去，宁冒火网冲出。"于是作二次突围，沿墙爬去，方达思源堂旁停船处，见工人老穆持篙傍船，肃然恭候，忠勇若此，可为难求。登船下坐，精神稍定，乃摸头颅，依然无恙；看毛发，一根未损，不知是吾等命运之佳，还是敌人技术之拙，船行至八里台村中小桥附近，见敌机飞来，正仰视间，忽一弹适落船旁，急行躯避，身落水中。危急之际，又劳同伴提拔，惭愧何似！出五（吴）家窑，枪弹渐稀，进铜（佟）楼，乃入平安途境，盖接近英租界也。忆吾等三五文人，竟劳千百武装者，一路费神照顾，荣幸何似！登马场道大桥，回首西望，秀山堂火焰冲起，凝视良久，不觉凄然！此后校内情形，人言各殊，虽常登高远望，究

图4 思源堂被日寇用作"天津日本中学校"。南开大学档案馆藏

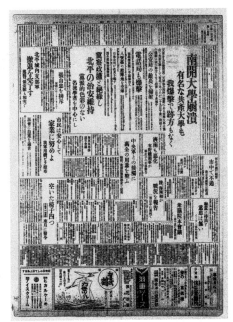

图 5 1937 年 7 月 30 日，日文报纸《台湾日日新报》称南开是"有名的共产大学"。南开大学校史研究室提供照片

不能窥得实际情形。当日吾等暂住法租界，绿牌电车道 24 号临时办公处，不数日又迁新学书院，再迁英租界菜市 81 号，三穴轮住，惨且悲矣。而敌人尚不时暗派浪人打听南开人踪迹，以期一网打尽，深谋远虑，殊费苦心。然吾大中两部同人，虽处境若此，未尝一日而断绝筹划复校工作也。

吾常听朋友们批评日本于天津事变时，将第一炮用在南大，不是军部昏愚，就是参谋不智。朋友误矣！日本人以小聪明著名的，况侵略专家，算盘岂能打错。他们对于吾等之明查暗算，是丝毫不苟的。吾们之一举一动，他们都有详细记载。据说日本领事馆内，尚为我们专设着一科。他们知道"亲善""威吓""吗啡"等政策，

图6 学校被炸后校友集会讨论重建南开。南开大学档案馆藏

在吾们身上既行不通，而吾们之反侵略、爱国家、重实行之一贯作风，正触犯他们之忌恨，所以在平日他们就不断地宣传南大是反日机关的总部。被炸之次日，他们又广播共产党大本营南大被毁，造谣欺骗，不值一辩。说真的，他们怕共产党吗？恐怕是这些不声不响有血气的青年，是这般埋头苦干爱国的学者，而让他们最恨、最放心不下的，怕是那位教育界的老领袖。你想，在他们兵营机场之间，岂能容许这般人存在。南大"七二九"之被炸，无疑是敌人之预谋，与"九一八"沈阳事变，珍珠港暗袭，同是一套把戏。吾们校产被毁了，人被逼而走了，他们以为目的已达。哪知这团火又转在沙坪坝等处燃起，火不能克火之道理，奈敌人中所称为"支那通者"尚不明白。敬告东邻，吾们奋斗四十年了，七年相拼，

只不过一场序幕耳！总之，敌人这种鄙劣作风，勿论其武力强到如何程度，天理已早注定其必败。待其投降之日，审判地点，若选在八里台举行，盼吾各地校友，一齐返校，清除秽垢，重整校容，到秀山堂前，荷花池畔，痛饮一场；登第一宿舍楼顶，高唱校歌，散步大中路，谈心北极亭。国耻雪，校仇报，七年闷气，一口吐出，岂不快哉！黎明在即，望共起奋斗。

作者时任南开大学斋务课主任，毕生服务于南开。本文原载于《南开四十周年纪念校庆特刊》，1944 年 10 月。

风雨如晦　鸡鸣不已

——抗战时期的南开大学边疆人文研究室

邢公畹

　　抗日战争时期，南开大学与北京大学、清华大学联合组成西南联合大学于昆明。在艰难的战争年代，南开大学文学院创办科研机构——边疆人文研究室。因时、因地，对滇边少数民族地区的社会经济、人文地理、语言与民俗开展调查研究，并出版了刊物《边疆人文》。我应南开大学之邀，于1942年离开了旧中央研究院历史语言研究所，参加了边疆人文研究室的工作。那个时候的西南联大，无论是在政治斗争上，还是在文化发展上，都可以说是风云际会，千载一时，令人怀念。

　　边疆人文研究室的创建，与云南的铁路建筑有一定的关系。抗日战争进行到40年代初期，除去西北、西南之外，大半个中国的土地都已经沦陷。西南边陲的滇缅、滇越铁路成为连接国际的交通要道。

云南省政府决定再修筑一条铁路,由滇南的石屏通往滇边的佛海,以连接滇越铁路。石佛铁路筹备委员会愿意提供经费,委托一个学术单位,调查铁路沿线的社会经济、民情风俗、语言文化等方面的情况,以供修筑铁路的参考与应用。南开大学的黄钰生(子坚)教授和冯柳漪(文潜)教授在云南社会贤达缪云台先生的支持下,取得了石佛铁路的委托与经费,便决定乘这个机会创办一个边疆人文研究室,一方面为石佛铁路的修筑做些有益的工作,另一方面南开大学创办一个人文科学的研究室,开辟一个科研阵地。

我想,当时高等教育的办学者并不一定都有一套完整的"教学与科研并举"的概念,但是办得比较好、比较有名气的一些大学,大都比较重视科研,设有专门的科研机构。如北京大学的文科研究所、清华大学社会学系的国情普查研究所、南开大学的经济研究所,都办得很有名气。各校也都有一批热爱祖国、热爱科学事业的知识分子、专家、教授,组成一支支科研队伍。抗战期间,尽管环境十分艰苦,多数人仍然以锲而不舍的精神,坚持科研事业,使教学与科研并重的传统,得以在西南联合大学继续发扬。

西南联大对于三校保留原有的体制,在敦聘人员、举办科研等方面,各校仍可按照旧章安排,以保存各校教学、科研的传统及其人事力量,没有什么明文规定,但作为一种默契,确乎给三校开展科研提供了方便条件。南开大学创办边疆人文研究室的时候,人员全部来自西南联大。创办人黄(子坚)先生,既是南开大学秘书长,又是联大师范学院院长,冯(文潜)先生是联大哲学系代主任,研究室主任陶云逵则是联大社会学系教授,我虽然是南开大学聘约的,但西南联大同样给我颁发聘书,只是除担任

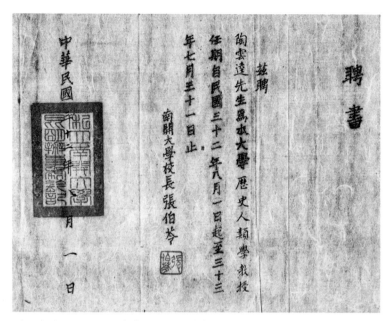

图1 张伯苓给边疆人文研究室主任陶云逵的聘书。南开大学博物馆藏

研究室的任务之外，也在联大中文系教课，由联大给我工薪、住房等教学人员的待遇。我想，如果当时南开大学这个研究室的人员没有联大的人事、工薪待遇，单靠石佛铁路提供的区区调查费，还是难以创办这样一个科研机构的。当然，创业艰难，更何况又是在战时的困难环境中。边疆人文研究室的创办，确乎反映了"南开人"为南开创业的雄心。

我于1942年秋抵达昆明，子坚、柳漪、云逵三位先生将草创边疆人文研究室的种种情况向我作了介绍，强调说：抗战时期，一切从简。说到"从简"，这个研究室实在是简陋得难以想象。说是研究室，顾名思义，总该有间房子吧！可是，有其名而无其"室"，当然也就无须什么桌椅板凳之类的设备，至于图书资料，联大有个图书馆，好歹也能借到一些。联大教职工住房都很困难，学校说要盖房，但迟迟不能动土。陶云逵教授把妻儿安置在呈贡县（今昆明市呈贡区），每周坐滇越线火车到昆明上课，主持科研。名教授如陈寅恪、罗常培、郑天挺、郑昕、游国恩等都挤在靛花巷的单身宿舍里。名为单身宿舍，而袁家骅教授夫妇一直是那里面的住户。没有办法，条件虽然艰苦，但是"风雨如晦，鸡鸣不已"，无论著名的老年专家、教授或中青年讲师、助教，大都能想到战争年月，不能致命疆场，而能有这样一个远离硝烟烽火的环境，如何能不尽其分内之所能，在学术上做点贡献呢？所以，大都能够安于艰苦。在研究室科研人员中，除陶先生之外，我年岁最大，二十八岁，并且刚刚结婚，不得不以工资的三分之一为代价，在翠湖北路租赁了一间狭长的小楼房，借得一副铺板，三条板凳，两条用以架床，一条可作座位。尤为难得的是房东太太有一只无门、无底、无屉的破平头柜，仍在出租的房间里，我这个房客正好利用它当了书桌，双脚伸进柜子里，便可伏在柜头上看书、写字，做我的研究工作。我的这些条件比起住集体宿舍，几个人挤在一间房的诸君，略优越一些。研究室同人议事，切磋学问，常在我的小楼房里，当然，更多的还是在柳漪先生文林街的住所里。柳漪先生已经是一位很有名气的哲学家，并且是哲学系教授代系主任，可是靠他的工薪收入，不足以维持一家五口的温饱。当日主事盟国译员训练班的人，动员先生去教德文，挣点美金，可是先生说：君子安贫，更不想拿美金。冯夫人黄扶先女士只得有家馆可教就教家馆，没有，就接点刺绣活，一针一线地挣点钱，贴补家用，实在困难的时候就把衣物送进拍卖行，

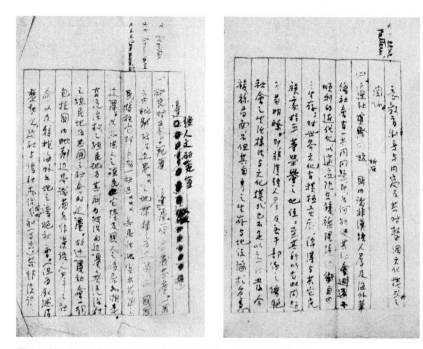

图2 边疆人文研究室章程及研究计划书草稿。南开大学博物馆藏

以济燃眉之急。而夫人既贤惠又心灵手巧，有"截发留宾"的美德，我们到先生家商议研究事情，商讨学术问题，夫人总是亲手制作酱牛舌、烧牛尾等美味，以飨大家。

冯先生对南开大学有极深厚的感情，事业心非常强烈。他在边疆人文研究室不担任职务，而以"为他人作嫁衣裳"的精神，包下了研究室的一切后勤事务：与石佛铁路打交道的是他，与联大、南大有关方面打交道的也是他，就是研究室用的笔、墨、纸张，也都是他去采购。为了节省开支，他还总是"以步当车"，不辞劳苦。为开展科研创造条件。他东奔西跑，说不清跑了多少路，央告了多少人，奔忙了足有一年，终于在小西门西南联大新校舍附近的一个旧庵堂里，为研究室找到几间房子，还借到了旧桌椅板凳之类的应用家具，使研究室名符其实地有了一个室。庵堂的正厅和西厢房是联大历史系雷海宗先生所领导的历史研究所，东厢房就是我们的研究室。

回忆边疆人文研究室的创建，我以为值得一提的是组成这个研究室科研队伍的几乎全都是中青年人，研究室主任、社会学家陶云逵教授，甫近中年，算是最年长的；我已经满了二十八岁，严格说来，也算是中年人，其他几位研究人员则都是刚刚从大学毕业或留校的

图3 边疆人文研究室部分工作人员合影。左二为黎宗瓛，左三为陶云逵，右一为黎国彬，右三为高华年。南开大学博物馆藏

青年助教,年龄都不超过二十五岁,全室人员的平均年龄不足三十岁。南开大学的当局,特别是创办研究室的黄子坚、冯柳漪两先生,对年轻人非常器重、非常信赖,敢于使用。当然,这些来自大学、研究院所的年轻人,业务也是相当过硬的。像陶云逵教授得意的高足黎国彬攻习社会人类学、经济地理等专业,而英文、法文都学得很好,毕业于西南联大后,从事社会调查、民族体制调查都取得显著成绩,可以说是从毕业就不凡。

研究室人员不多,除了陶云逵、黎国彬和我,后来经罗常培先生推荐,北大文科研究所研究生高华年参加进来,联大社会学系毕业生黎宗瓛、赖才澄也加入了研究室,而人数始终不过六人,组成一支比较精干的队伍,迅速地把社会调查、科研活动开展起来。大家分别从昆明出发,经玉溪、峨山、新平、元江、金平,沿江河而下,对红河哈尼族、彝族,文山苗族、傣族等兄弟民族的语言、民俗、社会经济、人文地理等,进行了实地调查。调查成果的一部分用于石佛铁路的研究资料,主要的有石佛铁路沿线少数民族语言分布状况图表、铁路员工应用的语言手册和石佛铁路沿线的社会经

图4 在昆明油印出版的《边疆人文》学术刊物。南开大学图书馆藏

济调查报告等。

在战时环境里，出版刊物、书籍十分困难，尤其是像语言学等人文科学类的学术著作，更难得印行。没有刊物，不能出书，研究成果不能问世，调查报告、文稿都一叠叠地搁置起来，不能产生客观的社会效果，当然是不合理的。因此，研究室决定因陋就简，自力更生，刻蜡版，搞油印。同时，大家都觉得这样做比大张旗鼓地搞铅印、搞出版发行更为合宜。因为，我们都很年轻，研究室是草创的新机构，出点油印书刊，在内部交流一下，取得有关人士、有关方面的指教或许比以其他方式出版发行更适合我们的"身份"。而且，柳漪先生在为人、治学方面，一贯十分谦虚谨慎，他自己从不轻易发表著述，但对别人的，特别是年轻一辈的研究成果，他总是要设法让它出版。大家在这种风格的熏陶下，都积极地投入了油印刊物的活动。刊物定名为《边疆人文》，分甲、乙两种。甲种为语言人类学专刊，乙种是综合性的双月刊。我还记得综合性双月刊文稿编定后，就是由陶云逵先生和我刻写的蜡版。为《边疆人文》，我刻写的蜡版不下数千张。白天的时间不够用，必须打夜作，可是房东太太即滇系老军阀杨希闵的女人，十分刻薄，收房客一元一月一盏灯的电费，每晚供电只供到十点钟，十点以后，我如果不关灯她就拉下电闸，我就只好用妻子炒菜的油点起小油灯来刻写。虽然油烟熏得人头昏眼花，但一想到刊物很快能出版，心里觉得热乎，也就不觉得油烟熏人，灯光昏暗了。何况，我对这种菜油灯燃烧之后的气味并不生疏，它总使我想起灯影书声里的儿时旧事。夜很静，窗外是茫茫无尽的黑夜，我自己点的灯，它照着我是怎样踏上同样茫茫无尽的科学研究的道路的。蜡版刻好之后，油印、装订则在研究室里进行，包括冯先生、陶先生在内，全室人员只要没有讲课任务都积极参加，裁纸、调墨、推油印机的滚筒等，都不是很轻松的，但是，使人感到这是科研事业不可缺少的部分。事隔四十多年，柳漪先生、云逵先生俱已作古，老成凋谢，往事如烟，《边疆人文》已成绝版，研究室也成为历史的旧迹，每展旧卷，则故人往事，萦绕脑际，不胜忆念！

作者为著名语言学家、汉藏比较语言学大师，历任国立西南联合大学教员，莫斯科大学教授，南开大学中文系教授、系主任，南开大学文学院终身教授。本文选自南开大学校长办公室编：《张伯苓纪念文集》，南开大学出版社1986年版。收入本书时做了摘录。

抗战中的南开英烈

李世锐

　　中国的抗日战争是一场全民族的抗战。在国难当头之时，具有爱国主义传统的南开学校更不例外，上至老校长张伯苓，下至广大师生都特别关心国事，充满了国家兴亡匹夫有责的爱国情怀。南开学校为抗战作出了巨大牺牲，涌现出许多抗战英烈和动人事迹。

　　1937年7月29日张伯苓在南京得到报告，南开被日军全部炸毁，他向记者发表谈话："敌人此次轰炸南开，被毁者为南开之物质，而南开之精神，将因此挫折而愈益奋励。"这个谈话给予劫难中的南开师生极大的振奋，也是对全国民众表达决心，呼吁人们团结奋起，为国家、为抗战贡献力量。

　　张伯苓在得知儿子张锡祜在抗战中为国捐躯的消息后，写道：我本人出身水师，今老矣，每以不能杀敌报国为恨，而今吾儿为国捐躯，可无遗憾了。张伯苓老校长在敌寇入侵、国家危难、南开被

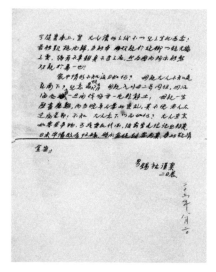

图1 1937年8月2日，张锡祜写给父亲张伯苓的亲笔信，上言："阵中无勇非孝也。"十二天后他为国捐躯，时年二十六岁，此封家书遂成绝笔。张伯苓研究会提供照片

毁和幼子牺牲的沉重打击下，没有屈服，没有沉溺于悲痛，而是化悲痛为力量，努力发展南开教育，响应教育部的号召，坚持南开与北大、清华合作办学，和衷共济，直到抗战胜利。

西南联大同学出于爱国热忱，在全面抗战的八年中曾有三次较大规模的参军热潮，先后有1129名学生为了保卫祖国而投笔从戎，其中还有牺牲的烈士。在"国立西南联合大学纪念碑"碑阴铭刻的834位联大期间从军学生名录中，有南开学生8名，他们是：黄振威、边立本、徐璋、陈毓善、杨育文、魏宗华、张华栋、倪民有。另外还有：

查良铮（1918—1977），笔名穆旦，诗人、翻译家，祖籍浙江省海宁市袁花镇，著有诗集《探险者》《穆旦诗集（1939—1945）》《旗》。1940年他在西南联大毕业后留校任教，1953年任南开大学

外文系副教授。1942年2月，二十四岁的查良铮响应国民政府"青年知识分子入伍"的号召，以助教的身份报名参加中国入缅远征军，在中国军队中，以中校翻译官的身份随军进入缅甸抗日战场，亲历滇缅大撤退，经历了震惊中外的野人山战役，于遮天蔽日的热带雨林扶病前行，踏着堆堆白骨侥幸逃出野人山。后查良铮根据入缅作战的经历，创作了中国现代主义诗歌史上的著名诗篇《森林之魅——祭胡康河上的白骨》。

申泮文（1916—2017），中国科学院院士，南开大学化学学院教授，广东省从化县人。1935年从天津南开中学毕业，考入南开大学化工系。1937年，日军炸毁南开后，他毅然投笔从戎，南下参加南京国民政府的中央军校教导总队，曾在淞沪一线参加战斗，

图2 西南联大师生欢送抗日从军的同学。选自西南联合大学校友会编：《国立西南联合大学校史》，北京大学出版社2006年版

图3 著名爱国诗人和翻译家、南开大学教师查良铮（穆旦）参加了中国入缅远征军。选自《穆旦诗文选》，人民文学出版社 2018 年版

不久申请脱离部队。后辗转随长沙"临时大学湘黔滇旅行团"步行迁徙到昆明，在老师杨石先和黄钰生的帮助下复学于西南联大，1940 年毕业于西南联大化学系。

申泮文于 1947 年到南开大学任教，新中国成立后他筹建了无机化学教研室并开展了无机化学的科研工作，为该专业奠定了学科基础。由于他的教学能力强、科研成果突出，于 1980 年当选为中国科学院化学学部委员。长期以来，申泮文在广大师生中积极倡导继承和发扬南开爱国主义教育的优良传统。每逢七七事变日，均在校园内展示他收藏和制作的南开校园毁于日军轰炸及日军侵华罪行的图片展板。申泮文也因此被称为在校园内自发宣传爱国主义教育的先行者。

黄仁宇（1918—2000），美籍华人，著名历史学家，著有《万历十五年》《中国大历史》，湖南长沙人，1936 年考入南开大学理学院机电工程系。全面抗战爆发后，黄仁宇辍学加入中国军队，1940 年自成都中央军校毕业后，任陆军第十四师排长及代理连长，1943 年加入驻印军，任新一军上尉参谋，1944 年 5 月曾在缅甸密支那负伤，受颁陆海空军一等奖章。《缅北之战》是黄仁宇在抗战时期的战地报告，是中国抗日远征军在缅北进行会战的实录，是研究缅北战争的第一手资料。黄仁宇时任驻印军新一军军长郑洞国的上尉参谋，以"业

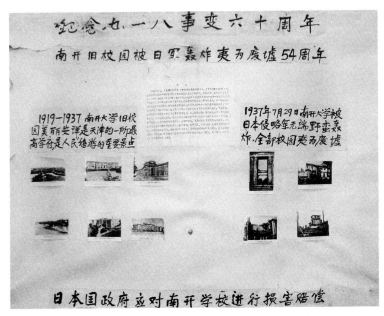

图4 申洋文教授自制展板，对学生进行爱国主义教育。作者提供照片

余新闻记者"的身份撰写战地通讯，发表在《大公报》上，1945年由上海大东书局结集出版，成为作者的第一本"著作"。

在抗日战争中牺牲的南开烈士有：

陈镜湖烈士（1901—1933），字印潭，号小秋，化名李铁然，辽宁省建平县人。陈镜湖于1918年考入天津直隶省立第一中学，1922年毕业，同年8月考入南开大学文学院。1923年，经李大钊介绍，陈镜湖与于方舟等同志一起加入中国共产党，是中共早期党员，辽宁省第一位共产党员。

1924年1月，陈镜湖受党的派遣，到爱国将领冯玉祥的西北军内任支队长，在内蒙古地区从事党的地下工作。1925年起，他先后担任中共热河工委负责人、国民革命军热河民军司令、中共内蒙特委书记等职务。九一八事变后，陈镜湖领导热察绥地区的抗日救亡工作。1933年初，他奉党的指示，到张家口以抗日同盟军参议的身份，参与冯玉祥领导的察哈尔省抗日同盟军的筹备工作。5月12日在去张北县点验抗日武装途中，陈镜湖遭到当地反动民团袭击，不幸牺牲，年仅三十二岁。1933年冯玉祥在张家口建成"民众抗日同盟收复察东失地阵亡将士纪念塔"，铭刻在石碑上阵亡将士名录第二位的即"参议：陈镜湖"。

陈镜湖同志披肝沥胆，把年轻的生命献给了人民的革命事业，然而烈士的英名在历史的尘埃中却整整湮没了半个世纪！直到1981年，同乡在火车上看到王逸伦同志的革命回忆录《路漫漫》中多处提到陈镜湖的名字，并转告其家人，县政协首先发起了追寻陈镜湖烈士遗迹的倡议，在县委、县政府的高度重视下，经过党史工作者的不懈努力，烈士的光辉业绩终于昭告于世。1983年1月7日，辽宁省人民政府正式追认陈镜湖同志为革命烈士，建平县人民政府将其安葬于建平北山烈士陵园。

图5 南开大学学生何懋勋在鲁牺牲，时年二十一岁。南开大学档案馆藏

何懋勋烈士（1917—1938），又名何方，江苏扬州人。1935年他从扬州中学毕业后，考入南开大学商学院。何懋勋爱好文艺，擅长演讲，在校期间曾组织"白

云诗社",出版诗集。他学习成绩优异,思想进步,积极参加"一二·九"爱国学生运动,并加入"中华民族解放先锋队"。全面抗战爆发后,他进入长沙临时大学读书,继续开展多种形式的抗日宣传活动。

1937年11月,上海、太原先后沦陷,何懋勋响应中国共产党的号召,投笔从戎,北上抗日。1938年3月经武汉八路军办事处介绍,赴鲁西北抗日根据地参加抗日救亡工作,任青年抗日挺进大队参谋长。1938年8月,鲁西北抗日武装为配合保卫大武汉,组织了济南战役,挺进队全体同志坚决要求参战。8月28日何懋勋奉命率青年抗日挺进大队进驻齐河坡赵庄,遭到日伪军四五百人的突然袭击,在血战中,因寡不敌众,何懋勋英勇牺牲,时年二十一岁。

何懋勋等烈士牺牲后,灵柩运到山东聊城东关华佗庙停灵三天,由挺进队全体队员守灵,聊城机关团体及城乡群众络绎不绝前往吊唁。聊城隆重举行追悼抗日将士大会,并立碑纪念。何懋勋牺牲后,与他同年入学的文学院学生刘兆吉于1939年写了两幕话剧《何懋勋之死》,以纪念烈士。昆明师范学院(西南联大旧址)烈士纪念碑于1995年12月1日树立,纪念碑基座上镌刻着为人民解放、国家富强而献身的27位英烈名录,他们为民族独立、自由和新中国的革命事业献出了宝贵的生命。其中,列在第一位的是何懋勋。

倪民有烈士(1922—1950),江苏省睢宁县人,全面抗日战争期间考入昆明西南联大化工系,于1944年度下学期响应国民政府号召志愿从军。抗战胜利后,倪民有于1946年11月到天津南开大学化工系复学,于1948年毕业,获理科学士学位,解放前在无锡的一所中学任教。1949年无锡解放后,倪民有毅然投笔从戎,决心到祖国的西南去,为解放那里的人民、建设新中国的大西南贡献自己的力量。他参加了中国人民解放军西南服务团，经集训后被编在川南支队二大队四中队，当年 10 月初，随第二野战军进军大西南。

1949 年底，川南支队经长途跋涉到达内江，立即投入了接管、剿匪、征粮、建政等工作。倪民有被分配到内江县史家区一个乡，任征粮工作组组长。由于他忘我地积极工作，较好地完成了征粮工作，于 1950 年 2 月 3 日被任命为内江县人民政府税务局东兴税务所所长。倪民有清楚地认识到征税与征粮具有同样的重要性。当时内江的匪患十分猖獗，在新的工作岗位上，他不顾个人安危，抓紧时间，首先完成糖税的征收。2 月 4 日早晨，倪民有带领一名随行人员到十多里外的五龙寺检查工作时，突遭一股匪徒的袭击，因匪徒人多被俘，被押到匪巢五龙寺里严刑拷打至折骨断筋，血肉模糊。倪民有坚强不屈，怒视匪首，最后被土匪枪杀而壮烈牺牲，时年二十八岁。倪民有虽然倒下了，但他这种大无畏的革命精神，为继续创建大西南的战友们树立了光辉的榜样。

作者为南开大学档案馆副研究馆员。本文选自南开大学党委宣传部、南开大学校史研究室编：《抗战烽火中的南开大学》，河南大学出版社 2015 年版。收入本书时做了摘录。

南开大学护校斗争

刘　焱

　　南大中共地下党迎接天津解放的工作从 1948 年的 11 月开始，当时黎智从解放区请示工作回来后传达说，中央已决定解放平津，尚未撤退出城的党团员和进步群众一律不再撤退，要留在城内坚持斗争，主要任务是保护学校迎接解放。当时南北两系地下党组织已合并组成了统一的学委，由魏克同志负责，组员有沙小泉、方蔚、廉仲和我。我的工作主要在南大，并负责联系北洋和南开中学等一些关系。

　　为便于发动群众，开展护校工作，在白色恐怖下以公开掩护秘密，以合法掩护"非法"的斗争。在党的领导下，南大成立了一个护校委员会，是由教授会、讲师助教会、学生会、职工会四个公开团体联合组成的，名称上不叫护校而叫"安全委员会"，任务是维护学校秩序，保护师生员工安全。安全委员会的主席就是教授会的主

席萧采瑜，副主席由吴大任教授和学生会的主席担任。下面设几个部，有文书部、学习部、康乐部、联络部等，几个部名义负责人都是教授，党团员掌握实际工作。

为了安全起见，南大的师生从12月10日全部集中到市内东院。当时的主要任务是反南迁，蒋介石要把教授拉到南方去，要学校南迁，我们就搞反南迁的斗争。反南迁以后，紧接着解放军就包围了天津。国民党军队借口设防要进驻南大东院，实际是监视师生的活动。我们发动群众组成了三百多人的纠察队，在学校门口堆起了桌椅板凳，反对国民党军队的进驻。那时南大周围的高楼都被国民党军队占据了，他们的机枪口对准南大，气氛很紧张。有一天，大概是12月底，国民党开来了一连全副武装士兵，要强行进驻。我们立即组织学校的女同学们在校门口一排排地坐满了，男同学和教师在后边，纠察

图2 南开师生在护校斗争中保护贵重仪器至东院。南开大学档案馆藏

队拿着棍棍棒棒也在后面。在双方对峙、情形紧急的时候，魏克同志赶来了。她把我拉到一边，说这样不行，一旦冲突，群众就会流血牺牲，事情就闹大了。我们应当做国民党军队的工作，宣传反内战，进行说服动员，给他们讲利害，慰问他们。于是，我们组织群众弄些茶水，分别到国民党军队里做工作，向他们讲不应该镇压学生，说你们执行蒋介石的命令，给蒋介石卖命危害了中国人民。通过讲道理，我们跟国民党的军队谈得挺热乎，有的人表示上边派他们来没有办法，有人表示同情学生。这样一来，国民党军队就乱了，一拨学生围着一拨军队。国民党军官一看形势不好，赶快把军队集合起来撤走了。

不久，又发动了一次反搜查斗争。那时候，上级布置我们要大力进行向各阶层的宣传工作，宣传党的城市政策，瓦解敌人，宣传

图3 1948年12月，南开大学教授吴大任等四十四人联名致电"剿匪"总司令傅作义，呼吁维护文化经济事业，反对驻军学校。南开大学档案馆藏

解放军的胜利进军。当时，安全委员会的宣传情报部掌握了学校的一台收音机，专收解放区新华广播电台的广播，每天印新华社的电讯稿，印了就以各种秘密方式往社会和学校里散发。宣传情报部的负责人就是南大前任校长滕维藻，他那时是讲师助教会的主席。我们还把印刷所也掌握了，专门印从广播中收听到的《中国人民解放军宣言》《约法八章》《告国民党官兵书》等数万份。印出这些东西后，还组织了三百多人的宣传队，一部分人在校内散发，更大规模的还是到校外散发。有几种方法，一种是让"民青"、党员、进步同学分散携带，看有什么社会关系、亲戚朋友并向他们散发，还以"小广播"的方式广泛进行口头宣传。再有一种方法是向国民党的党、政、军各机关，企业单位，社会名人普遍投寄，写上信封，规定在一天晚上同时在全市各个邮筒投寄、散发。不久，被国民党警备司令部发现了，说南大散发共产党传单，找学校提出要进校搜查，杨石先不同意，拒绝了。后来杨石先把这个消息透露给学生，我们就发动教

师和学生反对搜查。当时我们也是把门堵死了，组织纠察队日夜守卫。后来临近解放了，杨石先跟我们讲，国民党已经通知了，你们别闹了，再闹他们就要进来逮人了。由于形势很紧张，我们把印刷机拆散了，隐蔽在地下党员曾常宁家里，她父亲以前当过天津警察局局长。另外还有两千多份宣传品没发完就藏在地下室里。我记得解放后解放军一进学校也散发传单，他们的传单很快就散发完了。我们就将存放在地下室的传单，给了他们。

在护校的一个多月里，地下党组织群众与国民党进行了反复的坚决斗争；由"安全委员会"学习部出面，用各种方式，广泛组织全校师生进行学习（包括以半公开的形式学习），学习共产党的各项政策、文件，如《新民主主义论》《论联合政府》等；康乐部经常广

图4 南开师生组成南星合唱团等进步团体，积极开展活动。
南开大学档案馆藏

泛地开展各种文化娱乐活动。因此在安全委员会周围团结了广大师生员工，大大提高了他们的政治觉悟。

护校阶段还做了其他几项工作。一个是上层统战工作。那时上级组织布置说：你们学校地下党员里如果有上层社会关系的，要发动起来做工作，让他们对共产党和解放军有所了解，指明国民党的黑暗和失败的前途，争取他们尽力为解放做些贡献。当时我们就在党、团员中普遍传达动员一些有上层关系的学生回家专做工作。在此之前，南大便有两位地下党员，专做上层统战和军事情报工作。一位是周福成，他早在 1947 年就根据党的指示，在李之楠、李定同志直接领导下，在傅冬菊的帮助下，取得在傅作义出钱办的报纸《平民日报》驻天津特派记者身份，利用可公开出入敌警备司令部等军政机关、参加敌军政机关一些会议的机会，收集军事情报，上报给共产党。解放前夕他被专门派到北京，协同傅冬菊收集敌首脑机关情报，做傅作义的工作，为和平解放北平做出贡献。一位是曾常宁，1948 年春，华北局城工部长刘仁就亲自布置工作，让曾常宁做其父曾延毅（原天津警察局长、傅作义部军长）的工作。

另外南大还有一个特殊的工作，就是交通站的工作。胡国定是从上海交大来的，1947 年冬天解放区直接派人来找他，说 1947 年下半年南方就要陆续送人经天津到解放区去，今后要设立交通站，负责输送工作。他接受了这个任务，组织上还给他配了一个交通员，叫孙大中，孙的公开职业是自行车修理铺的工人，他在解放区来来往往很熟悉，这样胡国定带着孙大中专门搞交通工作。由于胡国定同志担任这个特殊的任务，1948 年初他的关系由魏克单独联系。这样胡国定的关系就转给魏克了。可是由于全校性的工作和输送问题还一直有联系，我们要送人到解放区去就找他，因为他有解放区的路条，是解放区发的一些国民党的新钞票，一毛钱一张，他那有一二百张，钞票的号数解放区大概已记住了，介绍一个人就给一张钞票当作路条。他前前后后介绍了许多人。到 1948 年"八一九"前后人就更多了，南大有时简直成了客店，经常让我们设法腾些床位给人住，来来往往的，北平的、上海的、南京的、杭州的、武汉的，还有四川的。后来他说前前后后送走了三百多人。他的交通线原先是走冀中，后来人太多怕暴露，他就跟孙大中商量，开辟了一条冀东的交通线。据胡国定讲，他们当时向解放区反映要开辟冀东线，解放区答复可以，并叫孙大中去。胡国定除了送一般学生走，到1948 年暑假时上级传达说要召开新政协，要动员一些民主人士去解放区，所以要胡国定做好准备，送民主人士走。我们还有个地下党员专门收集身份证，用药水把旧的身份证的名字一涂就涂掉了，还搞了国民党的钢印，写上新的名字。后来胡国定与北平地下党配合，通过孙大中先后送走了王冶秋、楚图南、闻一多的夫人、李何林夫妇等人。

在护校斗争中，我们不但团结了广大教师和学生，也一直在工友里边开展工作，到解放前夕，工友里面已发展了两个党员，十一个民青成员，共十三个人，他们很起作用。我们有个工友管秘书长黄子坚办公室的钥匙，黄子坚办公室的套间很严密，护校期间形势很紧张，我们党支部没地方开会，就利用工友手里掌握的黄子坚的钥匙，晚上到黄的办公室里开支部会。

还有一件事很有意思，1948 年秋天敌特搞"红旗"政策，伪装进步，以后为提高警惕，我们根据平时掌握到的各种情况进行分析，搞了一个反动党团特务嫌疑分子名单,名单有四十多人。我们在党团员中传达,要求对这些人提高警惕。解放后的第二天或第三天,军管会文教部通知我们,说发现了一个国民党南开大学党团会议的签名簿,我就去了。到那一看满屋子都是乱纸。他们已翻出一个签名簿,是南大国民党三青团到那开会时签到用的,签到的第一个是南大训导长,其他签到的有六十多人。我拿这个名单和我们地下党搞的名单上的四十多人一对,大部分是一致的。

作者为南开大学历史学院教授、周恩来研究专家。本文选自中共天津市委党史资料征集委员会:《天津解放纪实》,中共党史资料出版社 1988 年版。收入本书时做了摘录。

对先师杨石先的怀念

何炳林　陈茹玉

先师杨石先教授是我国的著名教育家、科学家。我们从 1938 年在西南联合大学上学时，开始师从杨先生，后来炳林当他的研究生。茹玉在 1956 年从美国回国后也在杨先生的领导下工作。我们受师恩四十余年，情深似海，他的教诲和他认真、严谨、公正的作风，对我们的影响极为深刻。他是我们的一代良师，终身楷模。

解放后，杨石先教授任南开大学校长、名誉校长多年，并任中国科学院化学部委员、全国人大代表、政协委员，还兼任全国科协学会副主席、中国化学学会理事长、南开大学元素有机化学研究所所长等重要领导职务。六十多年来，他为我国科学事业和教育事业做出了卓越的贡献，是我国教育界的泰斗、化学界的宗师。

图 1 杨石先（1897—1985），著名化学家、教育家，中国科学院学部委员，南开大学原校长，我国农药化学和元素有机化学的奠基人与开拓者，被聂荣臻元帅赞为"学者楷模、人之师表"。南开大学档案馆藏

在南开园辛勤耕耘六十二年

培养人才是先师执教六十二年的奋斗目标之一。他学成归国的时候，初创的南开大学，远不是一个学府胜境：经费支绌，教员短缺，首届毕业生仅有十二名。而他却选择了这里作为他潜心追求"教育救国"道路的起步之地，与已故著名化学家邱宗岳教授通力合作，首先担负起全校化学系的教学工作。他教而有方，一方面是由于他有广博而精深的知识，另一方面是他对青年学子有一颗热忱无私的心。他要求学生严格而不苛求，待人平易而绝不容忍学习懈怠。

炳林是他 1942 级的研究生，他对炳林的学习、工作抓得很紧，指导科研，耳提面命，经常听取汇报。每遇困难，无论业务的还是物质设备的，他总想方设法为之解难。炳林作的阶段性书面汇报、年终总结，先师不仅从学术角度来指导、校正，乃至在文字修辞上，他也动笔修改；凡是用英文撰写的东西，他还为之修正语法。通过严格要求和训练，为我们步入现代化学科研之门，奠定了基础。鉴于国外化学领域日新月异的发展，先生十分重视青年学子留学深造。远在西南联大时期，他就十分注意这一方面的信息，每当得到选送出国的考试消息，他就鼓动、支持我们去应考。他为我俩、为我们的师兄弟乃至下一代弟子们的出国深造，花费了许多心力，写过许多推荐信等材料。他不仅学识渊博，而且正直无私，办事公道，事事以身作则，最令我们感佩的是他把满腔热血倾注到培养人才的事业上，教泽广布，硕果累累。

在化学研究领域里的重大成就

杨石先教授为祖国科学事业奋斗了一生，为追赶世界科学先进水平，拼搏了一生，其成就是卓越的，也是多方面的。我们只能择其显著者，加以追述。

旧中国农业生产落后，祖祖辈辈从来不用农药，不知道农药可以灭虫除病，可以增产。当然，即使知道农药的用途，谁能用得起那种"洋药"？石先老师看到了祖国农业发展的前途，必须依靠科学，使用农药。他观察到国际上农药研究从无机农药、植物性农药向有机农药过渡的情况，考虑到几乎全属空白的中国农药科学如何起步的问题，提出要抓住有机磷的研究，指出了农药发展的方向。这也是在我国第一次提出有机农药的方向。

石先老师把他的卓识和想法，传达给他的学生。对于我们这些先后到美国留学的学生，他还总是嘱咐要注意搜集农药方面的书籍、资料，尤其是新出版的书刊。"美国搞科研有独特的、优越的条件，但那不是我们的祖国，你们不能在那里待一辈子，学成之后，要赶快回来，为贫穷的祖国出力。"恩师的这番金玉良言，铭刻在我们心坎上，鞭策我们在科学道路上、在人生道路上奋进。

新中国的诞生，党的关怀和支持，给石先老师提供了精神的、物质的支柱，使他有了最强有力的后盾。他欣喜万分地把解放的喜讯飞报给太平洋彼岸的我们，告诉远游海外的赤子，报效祖国的最好时机到来了，他召唤我们早日回国。陈天池、唐敖庆、王积涛、胡秉方等率先出发，我们相继，冲破重重阻挠，投向祖国的怀抱。老师告诉我们：中央号召把农药搞上去，农药研究还是个空白点，我们要尽心竭力，把科研成果奉献给国家，在农业化学领域里，打基础、填空白、开拓新路。

在50年代国家召开的"十二年科学远景规划会议"上，石先老师作了《化学科学与国民经济的关系》的报告，周恩来总理和许多与会代表，都极为重视。他在会上接受了研制有机农药的任务，周总理非常关心，当面指示他说："你先找几个人工作两三年，你们做了工作，国家自有安排。"研制农药纳入了国家规划，这对石先老师是多么大的鼓舞。回到南开园，他就跟天池和我商量，由他带头，以我们为骨干，带领他身边的另外几名年轻助手，开始了有机农药的研究工作。

他抓住磷酸酯类结构的改变会带来生理作用的变化这个特点，向国内尚属空白的有机磷化学开始进攻。某些有机磷产品不易分离而且毒性大，他带领我们克服种种困难，奋力攻关。就是在我们那

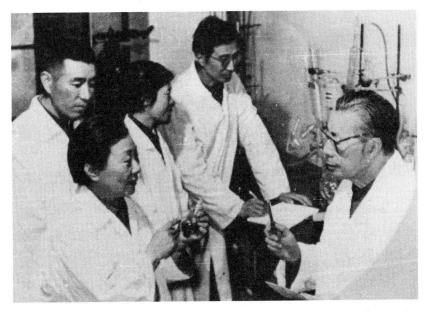

图2 杨石先（右一）在实验室中听取陈茹玉（左一）、李正名（右二）等人的汇报。
南开大学档案馆藏

间堪称"陋室"的研究室里，他率领大家一步一步前进。花开花落，数易寒暑，用心血和汗水结晶出了"磷32""磷47""灭锈一号""除草剂一号"四个品种的农药，有机磷杀虫剂、有机磷杀菌剂和有机磷除草剂，开始撒到了大江南北某些地区的农田里，产生了效果，国家给予了科研成果奖。我们研究成果之一"燕麦敌2号"除草剂，于70年代初已在青海投入小批量生产，为西北地区小麦地里防除野燕麦草做出了贡献。

在1960年初召开的第二次全国科技、农业会议上，周恩来总理再次号召把农药研究和元素有机化学研究搞起来，填补我国科学的空白，促进农业生产的丰收，并决定在南开大学成立研究所。在全

国农业规划会议上，石先老师作了《关于我国农药生产特别是有机
磷农药生产的几点意见》的报告，他说：使我国农业生产早日过关，
植保水平很快接近和赶上世界先进的国家，我个人和许多农药研究
工作者都是抱有信心的。聂荣臻副总理和他详细讨论了南开大学建
立元素所的规划。石先老师以极大的热情和魄力，使元素所于1962
年10月建成。农药科研成果，一个一个相继推出。

元素所接受了国家交给的研制防治水稻白叶枯病的农药研究，
石先老师高兴极了，因为他早就考虑了这个课题。杨石先老师目光
远大，案头总有国外报刊，随时收集、关注着世界农药发展状况。
他向我们详细介绍了当前世界农药发展的情况，并且把他摘录的

图3 1970年，杨石先（右一）带领元素所科研人员在蓟县农田中观察"784-1"农
药对玉米生长的影响。南开大学档案馆藏

十万多张卡片中有关化学农药的部分，一沓一沓整理出来，交给杀菌剂组，让同志们翻阅、参考。他从《美国化学文摘》中发现日本研制防治白叶枯病农药已见端倪，非常注意这一信息。他说，堡垒已经发现了，如何把它攻破，进而占领下来，我们有用武之地了。他明确公开提出：借鉴外国的经验，搞自己的新农药。元素所调集了最强的人力，充实"杀菌组"。在他的领导下，大家经过一年多的苦斗，做了差不多一百个合成物，试验了一个又一个方案，"皇天不负苦心人"，新的农药终于试制成功了！它可以一举便全歼水稻的白叶枯菌，因此命名为"枯叶净"。经国家有关部门鉴定，批准投产，推广使用。它每吨的生产成本不到"舶来品"的一半，而能使高产杂交水稻每年至少增产一两成。这使得已经白霜染鬓、步履蹒跚的老师，不胜雀跃，像年轻了很多。一般说来，就是在科学发达、设备精良的国外某些机构，研制一种较高水平的农药，大都要花十年的时间，而先生率领南开大学元素所的科研人员，只用了两年半的功夫，就征服了水稻"癌症"，填补了我国农药的又一个空白。

在首都北京召开的亚非拉几十个国家的科学会议上，石先老师作为我国代表团的领导人之一，作了我国农药发展概况的报告，受到国际科学界的好评。作为以农立国而农药科学属于空白的中国，先师为中国农药史书写了开篇和崭新的章节。我们为此感到自豪。

嘉言懿行 芳泽永留

先师以为祖国培育英才为己任。他从美国学成归来，进入南开大学就与邱宗岳教授通力合作，担负全校化学课的教学工作。先师

对于基础理论的教学，十分重视，长时期亲授基础课，很早就重视
对学生实验操作的培养。他在美国做研究生时，兼管过实验室，曾
亲眼看到中国学生因疏于实验操作而损坏仪器，赔偿时连饭费都赔
掉了，吃饭成了问题，致使有的学生不得不忍痛改换专业。他执教
后常常以此告诫大家：只在读书方面下功夫，忽视实验能力的训练
是不行的，因为化学是实验科学，知识要从实验中获得，任何理论
和假设都必须通过实验来验证。所以他历来都是在实验室里指导学
生做实验，并且亲自从国外购置仪器，充实完善实验设备，使学生
获得良好的实验条件和基本训练。由于他的努力和躬亲示范，重视
基础课教学和加强对学生的基本科学素养的训练，就成为南开大学
几十年来师承的传统、教学的风气。

图4 杨石先（右一）在思源堂化学实验室中指导学生进行实验。南开大学
档案馆藏

1938 年成立西南联合大学的时候，先师任理学院化学系主任，后来兼任教务长。他上任以后如何作为呢？首先带头讲基础课，先后为我们讲授普通化学、高等有机化学、药物化学等，直到后来兼任教务长仍坚持基础课教学，打破了人们对教授只教专业课的偏见。当时，我们理学院在昆明市近郊的北门外，工学院在城西南的一所会馆旧址，两院之间没有交通工具，只能安步当车，理学院的教师到工学院去教课，每周四课时都要花去四个半天，往返行路就要花费很多时间和气力，所以理学院教师不愿去工学院教课，都让助教去教，教、学双方都不满意，造成多方面的不良影响。石先老师就以身作则，亲自到工学院去授课，这样一来，中青年教授都抢着去任教。从此，工学院的普通化学就由教授承担，不仅对教学有利，也有利于两院之间的团结。

1945 到 1947 年，石先老师在美国印第安纳大学化学系工作，由于他业务基础好，知识面广，待人谦虚谨慎，和系里教授的关系搞得很好，大家都很敬重他，一再挽留他在美国任教。但杨老想的是要为自己的祖国繁荣昌盛服务，尤其是当时南开大学很需要他参加工作，所以他虽然了解回国后的生活是艰苦的，工作条件也是极差的，他没有为这些问题忧虑，毅然辞去印第安纳大学的聘请，坚决回到祖国。

石先老师强烈的爱国心也给每个接触过他的人以深刻的印象。在西南联大，石先老师坚持天天看报，了解国际形势和抗战情况，非常关心中华民族的命运，对日本侵华无比愤慨。由于石先老师关心国事，中共地下党和一些积极倒蒋抗日的青年学生不少人得到过他的保护。他对国民党的反动统治一直十分不满，对学生的爱国运

图5 在1978年召开的全国科学大会上，南开大学有二十八项科研成果受到表彰，杨石先获先进工作者奖，左起依次为：高振衡、王积涛、杨石先、申泮文、陈茹玉、何炳林。南开大学档案馆藏

动很关心，曾给进步学生很多方便。

先生毕生服从真理，不盲从谬误。1948年冬，天津近郊响起了临近解放的隆隆炮声，有些人相继南去，他却一再谢绝劝行，期待着新生活的开始。解放后，他担任了南开大学校务委员会主席，继而任副校长、校长，自觉地接受党的领导，积极支持党在教育方面的许多改革，不论做任何工作都是倾注着自己的全部感情。在马列主义、毛泽东思想的教育下，在周恩来总理等领导者的关怀帮助下，经过革命实践，他实现了由民主主义者到共产主义战士的转变，1960年加入了中国共产党。他一直是用科学家的严谨态度从事教育

工作的。

1980 年，石先老师已经八十四岁高龄，他辞去南开大学校长职务和十几个兼职，只保留了中国科学院数理化学部委员和南开大学元素有机化学研究所所长的职务。第一是要年富力强的后起之秀能够得到施展才能和锻炼成长的机会，第二则是争取在他有生之年，把元素所办得更好，培养更多的优秀接班人。1982 年 10 月他又辞去元素所所长职务，由茹玉接任所长。元素所在先师开拓的道路上前进。

先师一生除致力于科学、教学事业外，别无嗜好，只喜爱培育花草，最喜欢的是不惧风暴而屹立于高山之巅的雪松。而他不正是我们祖国大地上的一株劲松吗！

作者夫妇均为中国科学院院士、南开大学化学学院教授，系杨石先先生的学生。本文选自南开大学办公室编：《杨石先纪念文集》，南开大学出版社 1999 年版。收入本书时做了摘录。

他永远活在我心中

陈 鄂

　　吴大任出生在一个知识分子家庭，兄弟姐妹十二人。仅靠父亲一个人工作要维持全部家用并供吴大业、吴大任同时上中学实不可能，所以吴大任几乎完全是靠他父亲的朋友（大任的义父）资助读完中学的。由于他学习勤奋，成绩优秀，于1926年免试、免交大学四年的学宿费进入南开大学继续学习，并靠大学给的两次奖学金完成了大学学业。当1930年夏吴大任与陈省身同时考取清华大学数学系研究生后，由于父亲失业，不得不请假一年，到中山大学任教挣钱养七口之家。一年以后，大任借钱为家里准备了足够用三年的生活费，才得以回到了他渴望继续深造的清华大学念研究生。他就是这样一个有责任感、处处为他人着想，又有远大志向的人。

　　我于1928年考入南开大学，在学生自办的理科学会里我们认识，不大交谈。1931年秋，大任回到清华，正值九一八事变，学生念不

下书，吴大任也受到影响。南开大学唯一的助教出国了，姜立夫先生把吴大任要到南开大学任助教，我们由同学变为师生。我帮他抄已翻译完的代数书稿，他给我辅导函数论，彼此增进了了解，从师生进而成为朋友。1933年他考取留英庚款公费生赴英国伦敦念研究生，我们准备有三年的别离，但半年后他来信邀请我毕业后也去英国读书，我当然同意。1934年2月，我也坐英轮从香港直抵伦敦与他团聚并求学。

吴大任在获得带优秀称号的硕士学位后，我们来到拥有优秀数学教授的德国汉堡大学学习。在汉堡他与陈省身第三次做同学，吴大任本可以申请读博士，但至少要念一年半副课课程，我们大家都劝他申请，他坚决不同意，认为这样做论文的时间就少了。他说我只要学会做研究，有没有学位没有关系。在他完成了一篇很有分量

图2 吴大任（左）、陈鹕（居中）与陈省身（右）在德国求学时合影。
陈省身数学研究所提供照片

的有关积分几何的论文后，导师又劝他，他的回答还是一样："我没有时间了。"那时，我已经看出他对名利十分淡泊。放弃清华回广东，再次放弃清华而回南开，在伦敦大学改博士生为硕士生，在汉堡放弃申请博士的机会，都说明他一贯的不为名利而影响真才实学的求得。还记得有一次希特勒来了汉堡，我要去看热闹，吴大任力阻，我才没有去。他当时对希特勒的种种做法就有看法，是非分明，有自己的立场。

当我们结束了在汉堡的学习，辗转到意大利坐船于1937年8月13日到达香港时，祖国已遭了大难，平津沦陷，日军直捣上海。回国后他到武汉大学任教授。我们去了四川大学。当时四川大学在峨眉，后搬回成都。从峨眉到成都坐的是敞篷大卡车，全是理科的教师和家属，由吴大任负责照顾。半路上，遇两个荷枪实弹的国民党兵带着两个女人拦车要上，吴大任下车和他们理论。大兵气势汹汹，吴大任据理力阻，车上人都为他捏一把汗，结果他们也未敢强行上车。尽管吴大任外表文质彬彬，但关键时刻所表现的胆量使大家都很佩服。

在成都，他第一次读到了《新华日报》，进一步向进步师生靠拢，参加教授会，起草宣言，被推为理事。他还一而再，再而三地推辞了黄季陆、朱家骅（当时的同济大学校长）等人要他当系主任、教务长、理学院长的邀请，体现了一个进步知识分子的正气。早在1937年冬在武汉时，我的外甥刘西尧要放弃在武汉大学的学业到敌后根据地干革命时，吴大任就表示了同情和理解，刘后来说"六姨夫是亲戚中第一个赞成我去革命的人"。

抗战胜利，应母校召唤，我们回到南开大学。1948年底，吴大

图3 中央人民政府教育部给吴大任的任命通知书。南开大学档案馆藏

业从天津去广州任教。他劝我们说："看来北平、天津是要打大仗的，你们孩子小，还是去广州等共产党吧！"并给了我们一张空白支票，由我们填写需要的钱数，作为去广州的路费。我是怕打仗的，尤其两个孩子一个两岁、一个七岁。我收下了支票，和吴大任商量。他说："你怕打仗，要走，你能离津，可学校这么多人，你忍心自己走？我们不能走！"我哑口无言。后来学校成立安全委员会，吴大任做秘书，在师生员工的积极支持下，学校由八里台迁入城内东院。两三天内除笨重仪器外，几乎都搬完了。为了工作方便，他事先把我们母子三人安置在城内亲戚家。国民党军队撤退前把八里台校区糟蹋得一塌糊涂，幸而迁到市中心，使学校避免了很多损失，结果我们自己反而损失了一些书籍。

天津解放后，1949年市委文教部长黄松龄找吴大任，请他做南开大学的教务长。过去他一向回避行政工作，但在共产党领导的新中国，人心振奋，国家迅速走上正轨，他就欣然接受了。因为他感到共产党是全心全意为人民服务的，中国的前途是光明的。他对我说："我对行政工作态度的改变，主要是由于感情的改变，而不是兴趣。"他几乎把全身心都奉献给了教务工作。第一，他坚持自己写讲义，教好一门课；第二是听课，不但听本系课，还听理科各系的课；第三，他耐心接待一切来访的群众，无论是在吃饭或工作有多繁忙，都停下来接待，有电话必接，待人亲切，能当场解决问题的就当场解决。人家说："吴大任好找。"

在招生工作中，吴大任坚持原则，即使是市长的亲戚，不合标准要想进入南开大学也不行，但合乎标准的残疾人，只要不影响学习和将来的工作，他却要极力为之努力，使他们能进入南开大学学习。在出高考题时，他两次在自己孩子考大学时要求回避。据高教部同志讲，从此以后，每年都有人请求回避，成为一个良好的范例。

"文化大革命"期间，他被诬陷，受到各种折磨，但他以深厚的修养和坚定的信念度过了那些年月。在被隔离审查时，他就静下心来学习马列主义、毛主席思想著作。他总是心情平静地参加劳动，接受批斗，事后对家人也从不述说、不抱怨。我真是佩服他的涵养，佩服他大海一样的胸怀。他所可惜的是流失了七八年的时间，但他认为也有两大收获：一个是懂得了真假马列主义的区别，另一个是使微分几何理论与实践相结合，与在齿轮机械方面工作的工程师们一起，取得了可喜的成果。

改革开放后，吴大任全力支持陈省身在南开大学办起了数学研究所，并提出了"立足南开、面向全国、放眼世界"的宗旨。世界

图4　1980年，吴大任（左二）、陈省身（右二）、胡国定（右一）、邓汉英（左一）商讨筹建数学所的事宜。陈省身数学研究所提供照片

各国的大数学家来作学术报告，陈省身也几乎年年回国，立志要使中国成为21世纪的数学大国。这些都使吴大任感到十分欣慰。这时也有人常常会拿吴大任去与陈省身比，认为他由于搞教育行政而失去了成为数学大师的机会，非常为他惋惜。但是他自己依然无怨无悔，他说："我不做教务长也需要有人做，如果我基本上完成了这个任务的话，也就终身无悔了。"

　　吴大任对他的恩师姜立夫教授非常崇敬和热爱。他一生治学、教书、为人都以姜先生为楷模。姜先生以愚公移山的精神对中国的现代数学做出了很大的贡献，吴大任也是以愚公移山的精神为中国的教育事业奉献了他毕生的精力。在他1983年从行政岗位退下来后，他又全身心投入了写书、翻译书的工作，一天上午、下午、晚上三个单元的伏案工作，那种孜孜不倦的精神，至今令我心醉、心痛！

1992年秋，吴大任由于青光眼晚期而失明了。一个用眼睛看书写字一辈子的人所面临的痛苦是无法想象的。特别是他的右耳早已失聪，只有左耳还残存一点听力。一个失聪又失明的人，如何与外界交流？其内心的苦闷可想而知。他沉默了，他把巨大的痛苦深深地埋在心里，从不呐喊，从不对任何人发脾气。我每天陪他在总理纪念碑的通道上来回散步，一块儿比赛背诗。他本来有惊人的记忆力，老来也并不衰退，倒总是我输了。慢慢地，终于适应了这样漫无白天黑夜的生活。他依然关心世界、中国、南开，他把左耳贴在收音机上听新闻联播，学生们天天下午来给他读报，他还常常就报上内容提问和答问。他与学生交谈他们的学习和生活，关心他们的成长，笑语欢颜，这是他一天最快乐的时光。一次学

图5　改革开放后，吴大任（左三）等赴日本神户考察。选自南开大学校长办公室编：《吴大任纪念文集》，南开大学出版社1998年版

校开会纪念周总理，请他在大会上发言。他在家人的鼓励下，自己先预讲录音，然后贴在左耳上听，修改后再听，最后他在大会上的讲话受到了大家的热烈欢迎，得到很高的评价。他还继续写文章，他口述我执笔，《我的译作生涯》一文和发表在《今晚报》上一篇纪念黄松龄的文章，都是这样写成的。他口述时通篇文章早已在他胸中，逻辑思维清清楚楚，没有语法错，没有废话，甚至连标点符号都一一口述。

1996年12月，他因感冒发烧住院，没想到竟检查出不治之症。春节医生特许他回家过年，初五一早就被送回医院，哪知他这时竟是与他前后住了五十六年的南开大学永别了。对我来说，失去的不仅是一个老伴，而是一个六十多年来相识相知相傍、相濡以沫、同甘共苦的良师益友。这使我悲痛欲绝！几个月来，我清理出他的关于教育等文章共一二十万字，这些文章可以陪伴我到最后。他没有走，他永远活在我心中。

作者于1934年毕业于南开大学，自1946年起任教于南开大学，为南开大学数学系资深教授，系吴大任先生的夫人。本文选自南开大学校长办公室编：《吴大任纪念文集》，南开大学出版社1998年版。收入本书时做了摘录。

哲学教育家冯文潜

冯承柏

1896 年，冯文潜生于河北省涿县（今河北省涿州市）一个盐商家庭。父冯学彰，自幼对我国蒙童教育的弊端深恶痛绝，中年弃举业。自办养正初等小学堂（后增设高等部），任堂长。辛亥革命成功，老人毅然率先剪发，自称"数年希望一朝达到真第一快事也"。他一贯注重教育，认为"中国之新政惟教育一事颇著成效"。他盛赞五四运动中学生的爱国行动，称"中国有此不畏死之学生，国家不强真无天理矣"。

柳猗有这样一位热心教育与慈善事业的父亲，自幼就受到维新变法思想的熏陶，只读了两年私塾就开始接受新式学校教育，他1911 年冬毕业于涿县私立养正小学，翌年考入天津南开中学，1915年毕业，为该校第七届毕业学生。同班同学有黄钰生、孔繁霱、陈汝良等人。在学期间与孔、黄二人共同创办三育（德、智、体）竞进会，

图1 冯文潜（1896—1963），字柳猗，1930
年起执教南开，历任南开大学教授、文学院院长、
校图书馆馆长、天津市历史博物馆馆长等职。南
开大学档案馆藏

后与周恩来相识相交，并入周恩来等发起创办的敬业乐群会。在南
开期间，柳猗先生一方面接触到许多新知识、新思潮，形成了历史
在不断进步的观念。另一方面，他深受宋明理学的影响，以慎思明辨、
养心节欲的原则律己，反对知而不行，沽名钓誉。他在日记里写道：
"一人作一事只有问所行合乎义礼否，名在所不及。及名斯下矣。斯
为名而作非为事也，是即谓名之奴。趋人至此者莫过于学校之考试。"
（1915年1月1日）

　　1917年柳猗赴美留学，入依阿华州（艾奥瓦州）著名的葛林
乃尔学院（Grinnell College）主修哲学，辅修历史，获学士学位。
1920—1922年，在芝加哥大学研究院深造。自认为在美五年收获最
大之处在于"国家观念日渐真切"，"美国著名学者每谓中国必一
度灭亡然后再兴方能永存，闻听之余心痛欲绝，矢志联合多数同志

图2 冯文潜在南开中学读书时期合影。左二黄钰生,左三冯文潜。冯文潜亲属提供照片

发表言论一变美人之心理"(1917 年 11 月致友人信稿)。另一收获是,"凡与人有关系的我都爱","研究学问增福群体坚持为终身至鹄永矢弗谖"(1922—1923 年信函、日记)。1922 年 5 月先生携藏书二百五十册与同学挚友孔云卿赴德,开始了新的留学生涯。他在"家有变,国有变,世事有变"的情况下,坚持"一息尚存,还是干",用"量要兼人,思要兼人,志要兼人,爱要兼人"的箴言鼓励自己,要"大小在地面印个印再走,决不负此余生"。在德期间,他结识了不少留德学生、学者,如陈寅恪、俞大维,而且与当时正在欧洲的周恩来重新建立了联系。他还利用假期徒步旅行,在德国的农村和中小城市考察风土人情,与许多德国的知识青年结下了深厚的友谊。先生在柏林大学研究院攻读哲学、历史达六年之久,于 1928 年 4 月回国。

回国后,任南京中央大学讲师、副教授(1929—1930);1930 年被张伯苓聘来南开大学任哲教系教授(1930—1937);以后任昆明西南联大哲学系教授(1937—1945)兼代系主任:南开大学哲学

图 3 冯文潜在德国留影。冯文潜亲属提供照片

系教授兼系主任、历史系代主任、文学院院长（1946—1952）；外文系教授兼校图书馆馆长、天津市历史博物馆馆长（1952—1963）。

柳猗学贯中西，博古通今，治学严谨，诲人不倦。他讲授西方哲学史二十余年，开设过的课程有美学、哲学概论、柏拉图、逻辑、德文等，在古希腊哲学、德国古典哲学和美学史等方面造诣很深，而且注意中外哲学的比较和贯通。早在美国求学期间，他就提出"诚则明"的观念，"盖诚者聚精会神之变像也，诚之至则精神凝结成一点，如物理之 Focus（焦点）。然此点小可小于电子，大可以宇宙塞六合，此点之大小与一人成功之大小作正比例。此点愈增大则所见物愈明，见物愈明，则无不明，则无不知，无不能，无不知无不能则无不成也。反之，所见愈暗则所见者愈暗，至其极也则皆不可见。皆不可见则无物也。易曰不诚无物，盖即指此"（1917 致陈范有）。到德国后，他的这种强调主观能动性的观点，与叔本华、尼采的意志论相结合，更有所发展。他听一位德国教授讲现代哲学——尼采课后说："他讲得并不特佳"，"可我听得神灵飞动"（1923 年 6 月 12 日日记）。他强调学哲学要融会贯通，把大师们的方法同自己的心性修养结合起来。"一生的事什么叫晚？耳聪目明，心境活泼。什么是老？滴一点汗，得一粒珠，何事来不及？没回感尔感何自来？只要做便有成。"

他把主观能动性的发挥落实到"作""行",这很可能是后来较容易地接受实践观点的一个重要原因。柳猗的美学观点同他的哲学观点一样具有实践色彩,在讨论"天才"问题时,他认为天才不是天生的,天才也不完全是社会环境的产物,天才更不能简单地视为非常态(疯子),而应该把天才与创造联系起来。创造的前提是灵感,有灵感方才有创造,实现创造的条件有三:(1)富于经验,深于情感;(2)善于表现;(3)巧于成形。"如果一位艺术家真正能够具备以上三者时,我们才承认他是天才。"(《天才与创造》,1943年1月5日宋泽生笔记)

柳猗是一位受学生爱戴的好教师,一生虽著述很少,但留下的数十本讲稿、笔记、大纲则成为他认真备课的最好证据。多年来他一直使用梯利(Frank Thilly)的《哲学史》(*History of Philosophy*)作为教材,此书内容充实,条理清晰,立论允当,参考书目完备,是本质量较高的教科书。德国著名哲学家文德尔班的《哲学史》是他案头必备的参考书。他认为此书不按编年顺序,而以问题和概念的形成和发展为主线,有助于对哲学的基本问题和基本概念的理解。先生特别注重让学生读哲学大师原著,强调要读懂、读通并用自己的语言复述大师们的思想,写出读书报告。他对学生的要求很严格,多数学生的作业、考试成绩为六七十分上下,八十分以上者凤毛麟角。在学术上,他对自己的要求也很严格,不断地剖析自己。他常常说:"我学了十多年,教了二十多年的唯心主义哲学,但是并未学通,没有形成自己的体系,不能成一家之言。"他反对那些故弄玄虚,用拼凑的方法硬要构造体系的国内学者,斥之为"马戏团中耍碟子""玩弄概念""不过是些银样镴枪头"。

图4　在西南联大的部分南开教职工合影。前排左起依次为邢公畹、高华年、冯文潜、邱宗岳、陈天池、郭屏藩。南开大学档案馆藏

全面抗日战争中后期，先生的注意力逐渐转向学科建设和学校建设。1942年与黄钰生、陶云逵等人开始筹备南开大学文学院边疆人文研究室，计划"以边疆人文为工作范围，以实地调查为进程，以协助推进边疆教育为目的"。恰好云南地方当局拟修建由石屏通往佛海的铁路，需要了解沿线地理环境和社会实际、经济等方面的情况。南开与缪云台等人联系，获得铁路方面的资助，由该室负责调查有关情况。著名人类学家陶云逵教授主持业务，柳猗以文学院负责人身份兼管该室人事后勤工作，并参与出版《边疆人文》事宜。他事必躬亲，从筹集经费、拟定计划、组织人力、撰写工作总结，直至刻印、装订刊物，无不灌注了心血和汗水。

与此同时，他还以饱满的热情投入南开文学院的重建工作，为延揽人才、添置图书设备、组织搬迁而奔波操劳。到 1947 年底，文学院已初具规模。设中文、外文、历史、哲教四系，共有教师四十七人，其中教授、副教授二十一人，其中如罗大纲、卞之琳、李广田等均为一时之先。学生达一百六十九人，开设课程六十五种。柳猗强调要在师生之间养成种良好的风气，"也就是说我们要重质不重量，以达成南开家庭学校固有校风"。为了给教师一个良好的教学、科研环境，柳猗先生精心策划，设立了文学院教师阅览室，实为日后校图书馆教师参考室之雏形。

柳猗对中国共产党的认识在新中国成立前后有了重大变化。在相当长的时间里他坚持自己的爱国主义立场，但不愿参与政治活动，回国后他虽然曾在国民政府监察院任职，结识了不少"党国要人"，但

图5　1958 年，南开大学图书馆建成。南开大学档案馆藏

图6　冯文潜晚年照。冯文潜亲属提供照片

他从未加入过国民党。"君子群而不党，小人党而不群"的观念对他影响很深。从 1948 年起，他开始收到《华商报》，这是一份我党在香港办的报纸。通过这份报纸，党的方针、政策和活动逐渐对他产生影响。天津解放前夕一位中共地下党员请他注意保护学校财产，把图书放在安全的地方。这是他第一次同党发生直接的、工作上的接触。抗美援朝、土地改革、思想改造、三反五反、反右这一系列政治运动使冯柳猗逐渐对党的工人阶级性质有了认识，开始注意到同非无产阶级的意识形态划清界限。1957 年 9 月，他在入党申请书中写下了这样的话："百余年来中国人包括多少像我这样的知识分子梦寐以求的是什么？民族的独立，祖国的富强。不要的是什么？不当俎上肉，不当亡国奴。百余年来多少志士仁人前仆后继，梦寐以求，求之不可得，忽然得之于顷刻之间。这个奇迹的完成者不是别人，恰恰是无产阶级的人们——中国共产党。"

言行一致，身体力行是柳猗教授思想作风的一个重要特点。他在院系调整之后接受了图书馆馆长的职务，倾其全力投入了图书馆建设。在经费拮据、人力不足、干扰重重的情况下，他惨淡经营，努力开辟图书资料的来源，扩大馆藏，注意在实际工作中提高工作人员的素质。他不仅注意对我国传统典籍的收集，而且较早地与市图书馆实行分工采购。南开大学图书馆着重收藏地方志与清人文集，使馆藏具有特色，对于外文书刊，他特别注意工具书的建设和期刊的选购。南开大学图书馆工具书阅览室在国内名列前茅是同他所奠定的基础分不开的。在管理工作方面，从采编、排卡、上架到书库的清洁卫生、书刊的流通借阅，每一个环节他都注意检查，不允许出现纰漏，以保证这个庞大的体系正常运转，有效地为教学科研服务。在图书馆工作的十一个年头里，他以渊博的知识、谦虚的态度、严于律己和忘我的服务态度，博得了全体师生职工的尊敬。1958年加入中国共产党后，受到周恩来的祝贺与勉励，此后他更加兢兢业业，长期带病坚持工作，以顽强的毅力与高血压、心脏病、直肠癌和脑痉挛等疾病作斗争，直至1963年4月30日逝世。

1963年5月3日，学校为冯文潜教授举行了追悼会。会场上摆着治丧委员会委员周恩来与邓颖超合送的花圈。大会挽联上写着："持真理勇往直前，百炼成钢，对人民深怀忠荩；为工作鞠躬尽瘁，一心向党，给师生永树风规。"

作者为南开大学历史学院教授，曾任南开大学图书馆馆长、美国问题研究中心主任，系冯文潜先生儿子。本文选自冯承柏：《冯承柏文集》上，南开大学出版社2009年版。收入本书时做了摘录。

昆虫分类学和生物学家萧采瑜

曾　涤

对中国生物科学发展的深谋远虑

萧采瑜的生活经历和求学过程是非同寻常的，艰难困苦，百折不挠，养成了他坚韧不拔的性格和执着追求理想的精神。在美国攻读学位时，他敏锐地意识到西方科学文献对中国科学体系的建立和发展具有特别重要的意义。科学本身的发展就是科学历史的延续，不了解前人创造性的科学研究成就，就不可能有今人对科学发展的贡献。萧先生在自己的研究实践中深深地明白这个道理。他的《中国盲蝽科昆虫分类》博士学位论文，就是在外国人研究中国昆虫学文献和采集中国昆虫标本的基础上完成的，而又超过了外国人的成就。由于萧先生的学习过程始终是一个艰苦的自主、自强、自谋生计的过程，他更珍惜一点一滴来之不易的成就，从而培养出自己良好的

图1 萧采瑜（1903—1978），著名昆虫学家，中国昆虫学研究的先驱之一。1941年获美国爱荷华州立大学博士学位，1946年受聘南开大学教授，历任南开大学生物系主任，河北省人大代表，河北省政协委员，天津市一至四届人大代表，天津市自然博物馆馆长，中国昆虫学会理事，天津市生物学会理事长等职。南开大学档案馆藏

科学素质和求实精神。他知道中国科学落后的根本原因是经济落后，西方国家众多的图书馆、博物馆收藏着世界各国的科学文献、各种标本和实物，而中国却少得可怜。于是他十分重视收集和整理生物学领域的文献，为回国后发展祖国的生物科学和培育人才做准备。

　　萧先生自己从事的昆虫分类学涉及的种类极多，历史的文献异常丰富，其中包括若干早期的和某些绝版的经典著作。要把这些浩如烟海的资料收集起来，带回祖国，谈何容易。他发现当时尚未广泛使用的缩微胶片摄影文献储存法，既可大量节省费用，又便于携带。他们夫妇二人节衣缩食，把省下的钱用来购买照相器材和设备，开始广泛收集资料的工作。经过长时间艰苦地收集资料和顽强拼搏的工作，他们共带回了微缩胶片文献近3000篇，累计达50000页以上，还有2000余篇论文油印本和一大批昆虫分类学的专著书籍。这批文

献资料是萧先生和夫人留学十年的全部心血，对南开大学生物系的恢复重建工作起了极重要的作用，对他和他的学生们在中国昆虫分类学的学科建设和发展工作以及在南开大学昆虫学博士点的建立工作中发挥了奠基作用。

为南开生物系建设做出重要贡献

萧采瑜夫妇面对众多的回国工作机会，受聘南开大学教授，萧采瑜出任生物系主任之职。当时的南开大学刚迁回天津，恢复原校。然而南开旧址被日本侵略者狂轰滥炸，已成一片瓦砾。在当时内战

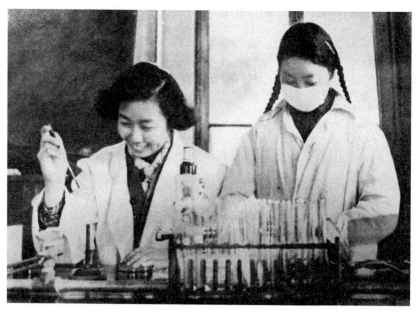

图2　生物系学生在做昆虫实验。南开大学档案馆藏

图3 生物系教师和学生在制作标本。南开大学档案馆藏

不休、时局动乱、物价飞涨的条件下，他临危受命，在顾昌栋、刘毅然、綦秀蕙等教授的支持和帮助下，以他长期工读结合、不怕艰辛的精神，不辱使命，热情洋溢地进行生物系的重建工作。在经费和人员不足的情况下，自己动手制作动植物标本、建立实验室，进行教学和研究工作，亲自担任多种课程讲授和实验教学工作。由于他的身体力行、带头苦干、团结师生、毫不利己的风范，生物系在短短的几年中初具规模，并成为最有成绩的系之一。

解放后，党和政府非常重视教育和科学事业，萧采瑜真正感到实现科学理想、大展宏图的机会到了，更加勤奋地学习和工作，全身心地为生物系的建设和发展呕心沥血，制定发展规划，积极筹建教学与科研相结合的动物生理和植物生理专门化，组织师生员工自制实验设备和外出采集动植物标本，并自行制作，积极扩建实验室和标本陈列室。在学校为生物系新建的近四千平方米的大楼于 1953 年竣工迁入时，该系的实验室、标本室规模和教学科研条件令人瞩目，在全国重点大学中名列前茅，引来了相当多的访问和参观者，不少学校派专业人员来学习。当年生物系已有萧采瑜夫妇、顾昌栋夫妇、刘毅然、戴立生、周与良七位具有美、英等西方国家博士学位的教授执教，教授数量在南开大学理科各系中是最多的，并初步建立起教学、科研和三级学科门类较齐全的教师梯队。

50 年代初的萧采瑜意气风发，正值有为的壮年时期，除搞好本

图 4　20 世纪 50 年代，苏联专家参观南开大学后与教师合影。前排左四为萧采瑜。南开大学档案馆藏

职工作外，积极参加利国、利民、上下沟通、中外交流的社会工作，先后兼任中苏友好协会秘书长、天津市世界和平大会分会理事兼宣传部长、天津市生物学会理事长、中国昆虫学会理事、河北省人民代表、河北省政协委员、天津市自然博物馆馆长等职。他对这些兼职工作依然是尽职尽责、尽心尽力，从不敷衍塞责，因此他不仅是学者，而且是一位广泛受到尊敬的社会活动家。

50年代中期，在建系的各项工作初具规模后，他积极响应周恩来总理在1956年初发出的向科学进军的伟大号召，认真组织全系教师和高年级学生参与各自专长和感兴趣的研究工作，他自己则从繁忙的教学、系务和社会工作中挤出时间，逐渐恢复已中断10年之久的专业研究——昆虫分类学。他常常是利用午休、深夜和节假日的时间进行毕生追求的科学研究探索。

这一时期，由于萧采瑜把高度的爱国热情、报国诚心与本职工作紧密结合起来，表现出极大的无私奉献精神，从一个爱国者到具有共产主义理想、觉悟和道德情操，于1958年由中共河北省委特批为中国共产党党员，实现了多年的愿望。

在动荡年代，萧先生受到不公待遇，但他不争不辩、默默承受，只要能争取到一点时间，就不顾一切地从事昆虫分类研究。他每天溜进工作室，埋头研究工作。他将"文革"前从全国各地采集来的数万个半翅目类昆虫标本，一个一个地在双目镜下分析研究，分出数百种盲蝽，成为我国盲蝽科昆虫分类体系的先导，为后继者进行盲蝽科分类研究奠定了基础。

1973年，他刚恢复工作不久，感到自己的标本室已经拥有全国范围内的大量标本收藏，认为组织编写全面性的中国半翅目昆

图5 萧采瑜编著的《中国蝽类昆虫鉴定手册》第一分册《半翅目异翅亚目》由科学出版社于1977年出版。南开大学校史研究室提供照片

虫分类学专业书的条件业已成熟。于是在出席当年在广州召开的"全国动物志会议"上，他提议编写一套具有我国特色的昆虫分类工具书。他认为这部书要便于昆虫分类检索，以"表"区分类别，每种昆虫要有形态描述和整体照相图。由于萧先生是我国昆虫分类学的先驱和开拓者之一，他的提议具有重要的社会经济价值，也具有科学性和权威性，与会者纷纷赞同和支持，并鼓励他编著《中国蝽类昆虫鉴定手册》。其后几年，他不顾年老力衰、身体多病，更加努力地抓紧时间，广征各地昆虫资料，在助手们的配合下，该书的第一分册《半翅目异翅亚目》于1977年出版。本册论述了龟蝽科、土蝽科、蝽科、同蝽科、异蝽科、缘蝽科、狭蝽科、跷蝽科、束蝽科9科，共742种。其中有93新种，72种为我国首次记录。书中附特征插图1300余幅，其中整体照相图680余幅，计50余万字。萧先生在病重期间看到自己毕生辛勤劳动后的第一部专著出版，心情非常激动，特邀请参加编写工作的青年教师到他的病床前商量后几册的编写计划。他编著的第二册于1981年出版。本册包括分属于长蝽科、皮蝽科、红蝽科、扁蝽科、网蝽科、奇蝽科、瘤蝽科、猎蝽科、姬蝽科9科，

其中有 59 新种，161 种为我国的首次记录。书中附特征插图 1700 余幅，整体照相图 840 余幅，计 90 余万字。集萧先生毕生研究成就的这两本力作，均由科学出版社出版。

自 1941 年至 1989 年，萧先生先后在美国和中国的生物学杂志上发表了有关中国半翅目昆虫分类的论文 70 余篇，发现了 400 余个昆虫新物种，填补了大量的空白点，成为中国半翅目昆虫研究领域的重要开拓者和奠基人之一。其成果为世界同行学者所瞩目，他与 30 多个国家的 50 多位同行进行过资料和标本交换，还帮助外国鉴定了大量的蝽类昆虫标本。

萧先生用自己毕生精力和工作实践，为人民的科学和教育事业，流尽了汗，留给后人的，是他的崇高精神、为人师表的学者和教育家的风范。

作者于 1954 年至 1995 年在南开大学工作，先后在物理系、管理系、高等教育研究所等从事教学、科研和管理工作。本文选自王文俊主编：《南开人物志》第一辑，南开大学出版社 1994 年版。收入本书时做了摘录。

郑天挺的史学成就与教育贡献

冯尔康

　　1937 年日本帝国主义侵占北平之际，北大校长及其他负责人均不在校，当时任北大秘书长的郑天挺独自处理善后，经多方联系，才使罗常培等许多学者得以辗转到西南联大任教。郑先生本人到昆明后，又去蒙自筹备联大分校。当时联大经费奇缺，在最困难的时候，郑先生不得不变卖校产以维持学校，真是历尽艰辛，为支持西南联大这一进步堡垒做了多方努力。抗战胜利，郑先生首先回到北平从事北大的复校工作，使该校于 1946 年顺利开课。北平解放前夕，郑先生坚持留在当地，维持学校，北大到解放区参加革命的学生从石家庄给他写信，希望并相信他能看好北大的家。留校的学生以学生自治会的名义送给他"北大舵手"的锦旗。由于郑先生的维持工作做得好，才使北大毫无损失地转到人民政府手里。郑先生总是在危难的时候为北大工作，保护学校，使它得以很好地运转，他是北

图1 郑天挺（1899—1981），著名历史学家、教育家，1952年奉调南开大学后，主持南开历史系近三十年，是南开大学历史学科奠基人之一。1956年，主持筹建了全国高校首个明清史研究机构——明清史研究室，为南开明清史研究打下了坚实的学术基础。（南开大学档案馆藏）

大当之无愧的功臣。1952年，郑先生到南开大学任教，他在各方面的协助下，使这个学校原来规模甚小的历史系，成为史坛颇有影响的一个系科。郑先生史学研究注意求真求用，这也成为该系的学风。郑先生于1957年创办明清史研究室，从而使南开成为明清史研究队伍中的一支劲旅。经郑先生大力倡导，出版了《南开史学》刊物，使之逐渐成为史学工作者的一个园地。郑先生也是南开大学的功臣。郑先生功在我国名牌大学北大、南开，在我国现代教育史上是不可泯灭的。

郑天挺是在国内外享有盛誉的明清史专家。他著有《清史探微》《探微集》《清史简述》《列国在华领事裁判权志要》，并主编了多种书籍。他起初学习古文字学，后来对校勘学、历史地理学、史料学、中国古代史、近代史、历史研究法都有深入的研究，对边疆史地学

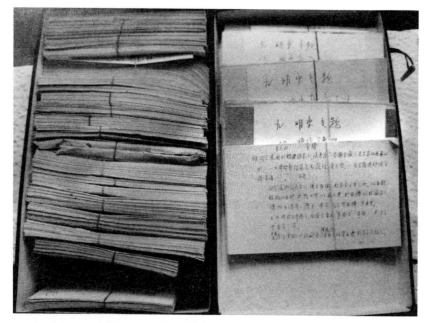

图2 郑天挺先生的明史讲义卡片盒。南开大学档案馆藏

和古文献整理也作出了成绩，其中最突出的是明清史领域里的创造性研究成果。

其一，对明清时代在社会发展阶段上的地位提出精辟见解。明清两朝处在我国封建社会后期，这种看法在史学界没有异议，但是有的史学工作者把这个时期又进一步视为封建"末期""末世"，文学、哲学界的一些学者受此影响也持有这种观点。郑先生在《清史简述》一书中力辟此说。他把"末期"和"晚期"加以区别，认为末期"是指旧的生产关系完全崩溃瓦解，并向新的社会制度过渡的阶段"；而晚期"是指这个制度已经开始走向崩溃，但是还没有完全崩溃，在个别方面还有发展的余地"。他分析明清时代，特别是清代的社会生产关系和经济状况，认为"封建经济已经走下坡路，但是还没有崩溃，资本主义萌芽正在孕育着，而封建经济还继续在发展"，所以明清时代不是封建社会的末期，而是晚期。对一个历史时代所处的社会发展阶段的定性，是对这个时代最基本的看法，由此而影响、规定对其他社会现象的分析。郑先生的这个观点，是对明清史的特点作了深入考察，又把它放在全部中国封建社会历史中作了对比才得出来的，是科学的，因而为相当多的史学工作者所信服。

其二，整理明清档案史料，推动明清史的研究。早在1922年内阁大库档案发现的初期，作为北京大学研究生的郑先生就加入了"清代内阁大库档案整理会"，参加档案的整理工作。后来他任北大文科研究所明清史料整理室主任，主持该校所藏明清档案的整理，于1951年举办明末农民战争档案史料展览，主编出版了《明末农民起义史料》《宋景诗起义史料》，并写了序言。1963年郑先生在中央档案馆明清档案部以《清史研究和档案》为题作了学术报告，指出历史档案在各种史料中是最原始的，"应该占最高地位"，建议以整理历史档案推动清史研究。巨量的明清档案是明清史研究的极其重要的史料，有的史家认为研究清史不用清代档案，很难有第一流的研究成果，此说应该是中肯的。郑先生对整理和利用档案史料的倡导，已经并且还将促进明清研究水平的提高。

其三，对满洲史和清代典章制度史的研究，启迪后学前进。1962年郑先生发表《清入关前满洲族的社会性质》一文，认为清太祖努尔哈赤建立后金政权前，由于生产力的发展，生产关系的变革，满洲社会已由奴隶制完成向封建制的转化，后金是封建政权。入关前满族社会性质问题，关系到对满族历史发展、满汉民族关系的解释，

图 3 历史系中国史教研组集体讨论教改问题，左一为郑天挺。南开大学档案馆藏

是清朝开国史中的重要问题。这样系统地论述满洲社会性质，郑先生是第一人。他的文章立即引起史学界的反响，及至 70 年代末，学者纷纷著文，各抒己见，郑先生又发表《清人关前满族的社会性质续探》，进一步把研究推向深入。郑先生对清代典制史的研究也是具有启示性的，他著《清代包衣制度与宦官》，研究了内务府制度；作《清代的八旗兵和绿营兵》，论述了军制；撰《清代的考试文字——八股文和试帖诗》，叙述了科举制度；写《清世祖入关前章奏程式》，说明公文制度；作《清代的幕府》，研讨了幕客制及其作用。清代制度史一度为研究者所忽视，郑先生的研究也是开风气之先，如关于幕客在政治生活中的重大作用，郑先生的《清代的幕府》一出，响应之作连篇面世。

其四，主持召开第一届明清史国际学术讨论会，对国内外明清史研究的开展有很大推动。1980年夏天，郑先生倡议并在天津主持召开了那次盛会，到会的有国内学者九十多人，来自日本、美国、澳大利亚、瑞士、德意志民主共和国、德意志联邦共和国以及中国香港地区的学者三十余人，与会者提交了九十二篇论文，研讨了明清史上各种重大问题。党的十一届三中全会后提出对外开放的方针，但在多年禁锢之后，人们还没有立刻反应过来，对于同外国人打交道还有所顾忌，郑先生有胆有识，率先召开国际性学术会议，此后史学界国际学术会渐多，规模也相应增大。推其原始，郑先生成功地召开的会议至今传为美谈。那次会议倡议筹建国际明清史学会，筹备机构暂设郑先生所在的南开大学。郑先生还同一些外国学者商定，两年后在天津开第二次会，第三次则在外国举行。不幸的是郑先生一年后离开人世，如今七八年过去了，他的愿望尚未实现，这是有待于国内外明清史学界努力的，南开大学更有义不容辞的责任。[1]即此一事，可见郑先生在明清史学界的崇高威望和巨大的影响。

郑先生一生十分热爱教学工作，是一位成绩卓著的教育家。他二十岁大学毕业即走上教育岗位，执教六十多年。直到临终的一年，他不但指导研究生，还上讲台给本科生授课。他一生讲授十几门课程，涉及历史、语文、地理、文献学多种学科，是一般教师难以做到的。不仅门类多，更难得的是他以极其严肃认真的态度去备课，力争内容充实，给学生以科学知识。即使到了晚年，还是那样认真搜集资料，写出讲授提纲，在讲课前反复熟悉，间或把写有大纲的卡片放

---

〔1〕编者按：第二届明清史国际学术讨论会于1991年7月在南开大学举行，2019年9月，纪念郑天挺先生120周年诞辰暨第五届明清史国际学术讨论会在南开大学举行。

图4 1981年郑天挺带领南开明清史研究生到明十三陵进行学术考察。郑天挺亲属
提供照片

下，在室内踱步思索，然后又拿起卡片来研究。可以想象讲课前他付出了多大心血。郑先生1961年起担任教育部历史教材编选组副组长，与翦伯赞教授共同主编《中国通史参考资料》，作为大学生辅助教材。他为给明清史初学者提供读物，主编了《明清史资料》一书。郑先生的讲课，是与他的大量的教育行政工作和社会工作同时进行的。他要求自己"坚持研究，争取讲课"，挤出一切时间从事科研和备课。了解郑先生的学者都认为他在行政工作之外坚持教学是一大特点，为常人所不及。事情确实是这样。郑先生对教学，老而弥笃，1979年接受教育部的委托，在南开大学举办明清史教师进修班，他以八十高龄去上课，同时又给留学生开课，时值秋冬，雨雪时至，他却总是准时出现在教室里。郑先生的辛勤劳动，培养了许多学者，任继愈、傅茂勋、阎文儒、杨志玖、王玉哲等教授都受过他的教益。

图5 1981年，南开大学举行郑天挺、杨石先执教业绩庆祝大会。南开大学档案馆藏

郑先生桃李满天下，现在，他的学生们正在史学研究和教学领域里发挥着骨干的作用。

郑先生的教学，归结起来有两个特点：一是终身坚持多开课、多讲课。他在晚年的教学，不仅是自身尽教师的天职，而且想带动其他教师走上讲台。许多高校教师不愿教课，原因倒不在教师本人，知识分子政策的不落实使他们很难尽职，但是不多上课总不是正常现象，郑先生的带动办法并非有效，然而从其愿望可知他对教学的极端热忱，教学就是他的生命。二是郑先生在行政工作之外挤时间搞教学和科研，这当然要有巨大的毅力和克服种种困难的本领，他之所以能成为明清史专家和模范教育工作者，自然也得力于他的坚韧不拔地热爱教学的精神。有的教师、医生、科技工作者走上行政岗位，丢掉了原来的业务，很可以从郑先生处理行政工作和业务工作的关系上得到有益的启示。郑先生的教学精神、经历和经验，是教育界，也可以说是全社会的精神财富。

耄耋之龄而活跃于讲坛，古今中外能有几人？一个民族只有发扬奋发图强的实干精神，才能自立于世界民族之林。在这方面，史学家、教育家郑天挺先生为我们做出了榜样。

作者本科、研究生就读于南开大学历史学系，1959 年毕业后一直任教南开，为历史学院教授、博士生导师，荣退后被授予南开大学荣誉教授称号，是中国社会史学会创会会长、国家清史编纂委员会学术委员，系郑天挺先生的学生。本文原载于《人民日报》1988年 3 月 14 日。

雷海宗先生的生平、学术成就和治学特点

王敦书

雷海宗，字伯伦，是中外驰名的历史学家，一生在高等学校从事历史教学和研究工作，以博闻强记、自成体系、贯通古今中外著称，名列《中国大百科全书·外国历史卷》专设条目。

1902 年，雷海宗生于河北省永清县一个具有书香门第气息的家庭。1917 年，入北京崇德中学，1919 年转入清华学堂高等科学习。在五四运动和新思潮的影响下，雷海宗树立起强烈的爱国思想和献身科学的志向。1922 年清华毕业后，公费留美，在芝加哥大学主修历史学，副科学习哲学。1924 年，入该校研究院历史研究所深造。1927 年，雷海宗返国任南京中央大学史学系副教授、教授和系主任，兼任金陵女子大学历史系教授和中国文化研究所研究员。1931 年，雷海宗转任武汉大学史学系和哲学系教授。1932 年秋，雷海宗回到了阔别十年的清华园。1935 年后，任清华大学历史学系主任，直到

图 1 雷海宗（1902—1962），著名历史学家，1952 年调任南开大学历史系教授兼世界史教研室主任，对南开世界史学科的发展厥功甚伟。作者提供照片

1949 年。清华历史学系的发展与建树，是和雷海宗的贡献分不开的。

1937 年，抗日战争全面爆发。不久，北京沦陷，清华大学等校南迁。雷海宗随清华文学院师生经长沙、衡山、蒙自，最后抵达昆明。看到全国军民英勇抗战、浴血杀敌的情景，雷海宗精神振奋，一扫原来对中国的兵所持之悲观看法。1938 年底，雷海宗编成《中国文化与中国的兵》一书，由商务印书馆 1940 年出版。该书篇幅不大，却是雷海宗的精心杰作，出版后在学术界乃至一般知识分子中产生巨大反响，令人耳目一新，成为 20 世纪中国的史学名著。

在昆明，雷海宗主持西南联大历史系行政工作，继续开设"中国通史"等中外历史多门课程。抗日战争后期，美国有关方面曾邀请雷海宗等一批名教授赴美讲学，但雷海宗婉言谢绝，坚守岗位，与全国军民一同奋斗，为赢得抗日战争的胜利而贡献全部力量。

雷海宗将大量的精力投入文章写作，其中有学术论文，但更多的文章，则是史论结合、古为今用，将古今中外的历史与现状贯通起来，为宣传抗日和进行世界反法西斯战争服务。

1946 年下半年，清华大学在北平复校，雷海宗仍担任历史系主任。1948 年后期，全国解放的形势日益明朗。尽管有关当局给雷海宗提

图 2 1927 年雷海宗获美国芝加哥大学博士学位时留影。作者提供照片

供机票动员他"南飞"，但他认为国民党大势已去，不得人心。出于对祖国的热爱，雷海宗毅然决定留在北平清华园，迎接解放。新中国成立后，他开始系统学习马克思主义，感到发现了一个新的世界，进一步加强了建设社会主义新中国的决心。

1952 年秋，雷海宗调任天津南开大学历史系。他对南开是有感情的，觉得自己与南开若有缘分。知道调南开的消息后，他曾对他在清华的邻居张岱年教授说，二十五年前留学回国时，南开曾向他

图3 雷海宗(前排左四)、郑天挺(前排左二)等与西南联大历史系1943级学生合影。郑天挺亲属提供照片

发过聘书,当时未能成行,而现在终于要去了,看来晚年将在南开度过。

到南开后,雷海宗任世界史教研室主任,主要从事世界史学科建设,讲授世界上古史,兼及世界近代史和物质文明史。为了培养青年教师,还特别在家给他们讲中国上古史和专业英语。雷海宗编写的《世界上古史讲义》一书,教育部定为全国高校交流讲义,并决定正式出版。1956年,雷海宗在世界上古史课程中对整个体系作了新的调整,将分区教学法改为分段教学法,并对上古时期各阶段社会形态的性质与名称作了新的探讨。在南开期间,雷海宗还为《历史教学》撰写了一系列比较通俗易懂、深入浅出的教学参考性文章,充分体现了一位史学大师对普通中学历史教学事业的关注与真知灼见。

1957年，雷海宗被错划为"右派"（1979年得到改正）。此后，他的健康急剧恶化，停止了教学活动。但他虽身处逆境，仍关心国家大事，精心译注斯宾格勒所著《西方的没落》一书的有关章节，其译文和注释有许多独创精到之处。此外，他还亲自指导和校改拙译《李维〈罗马史〉选》，使我终生受用不尽。

1961年末，雷海宗被摘掉"右派"帽子。为了把有限余生和满腹学识献给人民，他于1962年春克服病痛，乘着三轮车来到教室门口，拖着沉重的步伐重上讲台，精神抖擞地为一百多名学生先后讲授"外国史学名著选读"和"外国史学史"两门课程，一直坚持到该年11月底难以行动时为止。1962年12月，雷海宗因尿毒症和心力衰竭，

图4 1956年雷海宗（中）、郑天挺（右）游卢沟桥。郑天挺亲属提供照片

过早地离开了人世，享年六十岁。

有的学者以雷海宗的名字来形容其学术成就：声音如雷，学问如海，史学之宗。总起来看，雷海宗的学术思想和学术成就主要有以下四个特点。

第一，博古通今，学贯中西，擅长人文社会科学的整体把握和跨学科研究方法的交叉运用。

雷海宗一贯主张，历史学家只有在广博的知识基础上才能对人类和各个国家民族的历史与文化有总的了解，才能对某些专门领域进行精深的研究，得出真正有意义的认识。他一生读书孜孜不倦，精通多种外语，不仅贯通古今中外的历史，而且在哲学、宗教、文学、艺术、地理、军事、政治、气象、生物和科技等领域都有渊博的知识和精辟的见解。雷海宗是我国总体把握人文社会科学和交叉运用跨学科研究方法的先行者。

以一定的哲学观点来消化史料，解释历史，努力打破欧洲中心论和王朝体系传统，建立起独树一帜的囊括世界、光耀中华的历史体系。

雷海宗治学严谨，掌握丰富的史料，重视史实的准确性，强调真正的史学不是烦琐的考证或事实的堆砌，于事实之外须求道理，要有哲学的眼光，对历史作深刻透彻的了解。有价值的史学著作应为科学、哲学和艺术的统一。

在历史认识论方面，雷海宗认为，历史学研究的对象普遍称为"过去"，而过去有二：一为绝对的，一为相对的。把过去的事实看为某时某地曾发生的独特事实，这个过去是绝对的和固定不变的。但是，史学的过去是相对的。历史学应研究清楚一件事实的前因后果，在当时的地位，对今日的意义，使之成为活的历史事实。

热爱祖国，坚决抗日，热情歌颂中国的历史，积极弘扬中华文化。

雷海宗具有强烈的爱国心，热爱中国的历史和文化。面对祖国积弱和文化衰老的现实，他着重从当今的时代出发，对中国和世界各地区国家的历史与文化进行比较研究，探讨中国历史发展的特点，评价中国传统文化的积极和消极方面，谋求在 20 世纪建设中国的途径。

从一二·九运动到卢沟桥事变，这是雷海宗一生中的一个重大转折点。此前，他是一个基本上不参与政治的学者。抗日战争的烽火，燃起了他满腔的爱国热情。雷海宗开始积极议政，将学术与政治联结起来。他慷慨激昂地写道：生逢两千年来所未有的乱世，身经四千年来所仅见的外患，担起拨乱反正、抗敌复国、更旧创新的重任——那是何等难得的机会！何等伟大的权利！何等光荣的使命！

解放后，他热爱新中国，积极参加各项运动，他说自己从思想感情上体会到了"为人民服务"的丰富内容和真正意义。此后，他在南开大学的全部教学实践、政治活动和学术生涯，都深深地体现着他的爱国热情和奉献精神。

学习西方的科学与文化，追求真理，锐意创新，不断前进，勇于提出自己的独立见解。

雷海宗生活、成长于中学与西学、新文化与旧文化相互冲击激荡的时代，又远赴美国留学，他决心吸取西方的理论和思想来研究中国与世界的历史，改造旧史学，创建新史学。解放后，雷海宗开始认真学习马克思主义，找到了真理，感到自己"发现了一个新的

图5 1957 年雷海宗全家合影。作者提供照片

世界，辩证唯物主义和历史唯物主义的世界观使我好似恢复了青年时期的热情"。不难看出雷海宗的整个学术生涯始终显示出一种探索真理、打破传统、不断创新、敢于亮明自己独立观点和鲜明个性，这是极其难能可贵的。

雷海宗先生献身于教育事业，一直在高校教书，作为一位名教授和教育家，他的教书育人是极具特色和众口叫绝的。雷海宗讲课极有条理，深入浅出，鞭辟透里，内容丰富，生动活泼。他讲解历史事件既材料翔实，又说明前因后果，更揭示性质意义，娓娓动听，使人受用不尽。每节课他计时精确，下课时恰好讲完一个题目，告一个段落，下节课再讲新的，前后衔接自如。雷海宗记忆力极强，走上课堂，只拿几支粉笔，但讲得井井有条，滔滔不绝，人名、地名、史实年代准确无误。他学问渊博，研究精深，口才好，思路清楚，教学认真负责，又讲究教学方法，使讲课成为一门艺术，挥洒自如，引人入胜。他为本科生开设的中国通史课，选课人极多，课堂总是挤得满满的，其中还有不少慕名而来的旁听者，已故著名世界史学家吴于廑先生就是这样的旁听者，当时他已是南开大学经济研究所的研究生了。另一位学者，美国史专家丁则民先生在《忆念伯伦师》文中说："讲授历史课能达到这样炉火纯青使人百听不厌的程度，可说是罕见的了。"

关于雷海宗临终前在南开大学坚持讲课的情景，史学家肖黎先生有发自肺腑、感人至深的回忆：

上课铃响后，只见一位小老头拄着拐杖，一步一步地挪动着双腿，吃力地坐到讲台后的一把椅子上。看着他那痛苦的样子，我不觉生出几分恻隐之心。在那一瞬间，阶级斗争的观念就像是断了线的风筝，无影无踪。此刻，教室里异常安静。突然，洪钟般的声音响起，只见他腰板直了，精神也振作起来了，与他刚进教室时简直判若两人。

…………

最难忘的是雷先生的最后一课。他大概也知道自己将不久于人世，这是人生中的最后一课，犹如回光返照，他一直处于亢奋之中，情绪十分激昂，声音更加洪亮。

雷海宗为建设祖国历史科学和发展教育事业献出了毕生的力量，做出了巨大的贡献，鞠躬尽瘁，桃李满天下。我们应发扬他热爱祖国、诲人不倦、襟怀坦白、光明磊落的献身精神；学习他刻苦读书，勤奋探索，敢于否定过去，不断创新前进的严谨学风；贯彻他主张的从中国现实出发，继承人类优秀的文化遗产，比较研究中外历史，弘扬中华文化，积极建设新中国的治学宗旨。我们深信在新的世纪，雷海宗所倡导的优良学风和治学精神将得到进一步的发扬，他为之献身的祖国的教育事业和历史科学将取得更加辉煌的成就和发展。

作者1957年入南开大学历史系读副博士研究生，毕业后留校任教，为南开大学历史学院教授、博士生导师，兼任中国人民政治协商会议第八、九届全国委员会委员，中国世界古代史研究会理事长，系雷海宗先生的学生。本文选自王敦书：《贻书堂史集》，中华书局2003年版。收入本书时做了摘录。

教育家、经济学家滕维藻

张　鸿

　　滕维藻，字镜江，江苏省阜宁县人。他是中国共产党的优秀党员，共和国老一辈卓越的教育家和经济学家，世界经济学科的开拓者、跨国公司理论的奠基人，国务院学位委员会经济学科评议组召集人，国家级有突出贡献专家，联合国跨国公司委员会高级顾问。继杨石先之后，滕维藻担任南开大学校长，为南开的发展，为祖国的科学教育事业奉献了毕生的心血，做出了杰出的贡献。

一

　　1917年1月12日，滕维藻出生在江苏省阜宁县一个贫苦农民家庭。目睹旧中国农民的悲惨生活和国民党政府的腐败无能，滕维藻的思想被深深地触动了，自觉地把个人的命运同国家民族的命运紧紧联

图 1 滕维藻（1917—2008），著名世界经济学家、教育家。1942 年考入南开大学经济研究所，1946 年起执教南开，历任金融贸易系主任、经济研究所所长、副教务长、副校长、校长、代理党委书记等职。南开大学经济学院提供照片

系在一起。早在青年时代他就抱定"皆以天下国家为己任"的理想，他说："读书为何事？不外发展人性和救国救民而已！处此国运艰危的非常时代，青年知识分子，必须牺牲个己，一切为民族努力！我们相信：只有复兴民族才是青年的最高理想；任何欲望私见，在复兴民族的领域之下，必须涤除净尽。"

爱国成为滕维藻最鲜明的人生底色。正因为如此，他在抗战艰苦的岁月里燃糠自照、困知勉行、刻苦攻读、勤学上进。正因为如此，他在毕业一年后，不顾亲友劝阻，毅然放弃优厚待遇和银行家的前程，回到母校献身于百年树人的教育事业。正因为如此，他始终以时不我待、只争朝夕的精神和干劲为国、为民、为南开贡献自己的力量，直至生命的最后一息。

滕维藻慎思明辨、思想活跃、追求真理、要求进步，青年时期

积极参加学生爱国运动，曾两次被国民党当局逮捕，险遭杀害。在中国面临两种前途、两种命运决战之际，滕维藻毅然投身爱国民主运动，与广大进步学生并肩作战，为追求和平民主进行不懈的斗争。他发表多篇针砭时弊的文章，抨击国民党政府通货膨胀下的物价政策、汇价政策。呼吁采取保护中国民族工业的汇价政策。他在《南开周刊》"反内战特刊"发表言论，在"民主厅"（南开大学北院饭厅）进行讲演，揭露国民党的黑暗统治。1948 年 12 月，他被推选为南开大学安全委员会委员，与广大师生坚守南开园，开展护校斗争。他还担任学校安全委员会宣传情报部负责人，利用学校的一台收音机，抄收解放区新华社广播，出版《南开新闻》，宣传党的政策和解放战争的进展情况，在学校内外产生很大影响。

1949 年 1 月 15 日，天津解放。滕维藻也迈入了人生中新的里程碑，投身到如火如荼的社会主义建设事业中来。1951 年，滕维藻参加京津文教科技界代表大会，在中南海怀仁堂聆听了周恩来总理的重要讲话，在思想上受到很大的触动。周总理以亲身的经历，深刻而又生动地阐述了党的知识分子政策，鼓励广大知识分子改造世界观，把自己的立场从爱国思想、民族思想转变到无产阶级思想上来。周总理的殷殷教诲，如暖流，像春风，鼓舞着滕维藻前行。在党的亲切关怀和教育下，早在新中国成立前就受过革命斗争洗礼和进步思想哺育的滕维藻接受了马克思列宁主义毛泽东思想，从一名爱国知识分子成长为无产阶级先锋战士。1952 年，他光荣地加入了中国共产党。经过几十年的苦苦探求，他终于在政治上找到了自己的归宿。此后的五十余年，他为党的事业和人民的利益呕心沥血，鞠躬尽瘁，献出了毕生的精力。他坚持党性原则，遵守党的纪

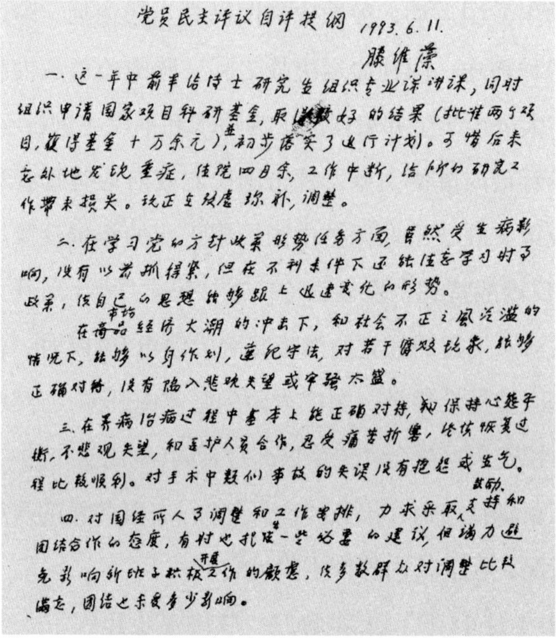

党员民主评议自评提纲 1993.6.11.

滕维藻

一、这一年中前半给博士研究生组织专业课讲课，同时组织申请国家项目科研基金，取得较好的结果（批准两个项目，获得基金十万余元），并初步落实了进行计划。可惜后来意外地发现重症，住院四月余，工作中断，给所的研究工作带来损失。现正在考虑弥补，调整。

二、在学习党的方针政策形势任务方面，虽然受生病影响，没有以前抓得紧，但在不利条件下还能注意学习时事政策，使自己的思想能够跟上迅速变化的形势。

在市场经济大潮的冲击下，和社会不正之风泛滥的情况下，能够以身作则，遵纪守法，对若干腐败现象，能够正确对待，没有陷入悲观失望或牢骚太盛。

三、在养病治病过程中基本上能正确对待，和保持心态平衡，不悲观失望，和医护人员合作，忍受痛苦折磨，使治疗恢复过程比较顺利。对手术中类似事故的失误没有抱怨或生气。

四、对国经所人事调整和工作安排，力求采取鼓励、支持和团结合作的态度，有时也提出一些必要的建议，但竭力避免影响新班子积极开展工作的顾虑，使多数群众对调整比较满意，团结也未受多少影响。

图 2 滕维藻“党员民主评议自评提纲”手稿。南开大学经济学院提供照片

律。1993 年由于身患癌症，长期住院，在病榻之上，他坚持写思想汇报并亲手为国际经济研究所党组织写下了“党员民主评议自评提纲”。他临终前嘱咐亲属丧事从简，充分表现了一个共产党人的坚定信仰和高尚品格。

二

高瞻远瞩，勇于创新是滕维藻另一个显著的标签。他的人生之旅就是一部上下求索、辛勤耕耘、开拓进取的历史。

滕维藻不唯书、不唯上，独立思考，敢于挑战权威。1944年，他在《大公报》上发表《工业化与农业》一文，与著名学者钱穆论战，反对钱提出的"以农立国"的主张。在当时，钱穆已在国内享有盛名，滕维藻则初出茅庐，他们的论战引起了当时经济学界的重视，在社会上也产生了一定的影响。滕维藻开始在经济理论界崭露头角。

　　滕维藻是我国世界经济学研究的开拓者，国际企业（跨国公司）理论的奠基人。20世纪60年代，滕维藻开始致力于国际经济问题研究。1963年，根据毛主席提出的要加强研究外国社会和经济问题的指示，经周总理的筹划与批准，由滕维藻负责在南开大学建立起一批研究世界经济和外国问题的机构。20世纪70年代初，滕维藻瞄准国际

　　图3　1987年，滕维藻（左二）与杨叔进（右二）、熊性美（右一）等商议建立国际经济研究所事宜。南开大学经济学院提供照片

学术动向，开始从事跨国公司的研究。在"文革"尚未结束，国家还处于封闭状态下，开创性地开展世界经济研究，是需要创新精神和理论勇气的。在滕维藻的带领下，南开大学逐步形成了一个研究跨国公司的学术梯队，推出《跨国公司剖析》《跨国公司概论》《资本国际化与现代国际垄断组织》等一系列开拓性力作，在该领域的研究成果和学术地位得到国内外同行的公认。鉴于滕维藻在跨国公司研究领域的卓越成就，联合国聘请他为跨国公司委员会高级顾问，前后连任两届达五年之久。滕维藻是担任此职的第一位中国专家。

新中国成立初期，面对革故鼎新的艰巨任务，滕维藻以高度的政治热情投身于南开事业的发展，与杨石先校长、吴大任教务长等一道，为南开大学贯彻新的教育制度做出了不懈的努力。1981年滕维藻执掌南开时，改革春风吹遍神州，南开大学面临着空前的机遇与挑战。是墨守成规，安于现状，还是迎风破浪，改革进取，是摆在学校领导者面前的重大问题。滕维藻坚定地选择了后者，他以锐意进取的精神，敢为人先的胆识，冲破阻力的勇气，敢于动真碰硬的担当和脚踏实地的作风，学习改革，支持改革，领导改革，打开了南开大学各项工作的新局面。

在滕维藻的推动下，南开大学建立了研究生院，积极开展研究生教育；与众多的世界名校建立联系，广泛开展国际学术交流；重建南开大学经济学院，使南开大学的经济学和管理学得以迅速发展，南开也成为国内综合性大学中率先恢复学院制管理体制的高校；积极推进办学体制改革，率先采取与政府部门和金融机构合作办学的方式筹措资金，培养人才，为中国高等教育改革提供了新的经验。

图4 改革开放新时期，南开大学校领导班子集体讨论学校改革发展规划。左三为杨石先，左四为吴大任，右三为滕维藻，右二为郑天挺，右一为胡国定。南开大学档案馆藏

在学科建设方面，滕维藻强调主动适应国家经济社会发展需要，突出特色，做到"人所少有，我所专长，人尚未及，我能先登"，在加强传统优势学科建设的基础上，在国内率先创设了一批新学科，为南开大学构建结构合理、方向明确、特色鲜明、优势突出的学科体系奠定了基础。

在南开大学创设的新学科中，有一些是原来被取消，后来又恢复重建的，如法学、政治学、管理学、社会学等。在"文革"结束不久，滕维藻就前瞻性地部署了这些曾被视为"资产阶级伪

科学"学科的恢复与建设,这需要相当的气魄和胆识,其中的艰辛也可想而知。例如,社会学学科于1952年院系调整时被取消。党的十一届三中全会后,著名社会学家费孝通想把国内已停办多年的社会学恢复起来。他认为在大学里建立社会学系,是发展社会学学科的关键。但当时的政治环境乍暖还寒,"左"的影响根深蒂固,许多学校心存顾虑,学术界对社会学还是冷眼相看。北京的一些高校不愿意做这件事。滕维藻在得知费孝通的意愿和苦恼后,立即表态:北京没有高校办,南开可以办。

1980年,教育部批准南开大学设立社会学专业,并举办社会学专业班。这个专业班的学生后来都成为国内外社会学教学与研究的骨干,被誉为社会学界的"黄埔一期"。1982年秋,南开大学正式成立社会学系。这是1952年以来,中国大陆重点高校中设立的第一个社会学系,是南开人的又一个创举。此外,南开大学还创设了旅游学等在中国高校中前所未有的学科,开风气之先,成为一段学术佳话。南开大学迅速由1979年的9个系16个专业,2个研究所,发展为21个系,49个专业,10个研究所,学校的规模、层次、结构、质量都发生了重大变化。

滕维藻多年来积极参与我国教育改革,热心探索建设有中国特色的社会主义高等教育体系的途径。他曾经当选为天津市党代会代表、天津市人大代表,为国家教育事业发展献计献策。在我国学位制度建立后,他长期担任国务院学位委员会学科评议组成员,是经济学科评议组的召集人之一。他和评议组的成员一起,精心谋划学科建设和布局,为我国经济学和管理学的建设和发展做出了杰出的贡献。与此同时,他先后发表多篇文章,总结经验教训,提出改革建议，对我国人文社会科学教育事业和学位制度的建设，泼洒了大量的心血。1984年，英国剑桥国际传记中心，将滕维藻收入《国际当代对社会有杰出贡献名人录》。

三

滕维藻是一名精通专业的"经师"，又是涵养德行的"人师"。他做过小学教师、中学教师、大学教师，有这种人生履历的大学校长并不多见。他甘为人梯，奖掖后学，为国家培养了大批人才。他还是一位引路人，改变了众多学生的人生轨迹。在20世纪70年代，他力排众议，批准一位家庭有历史问题的青年知识分子出国进修。有人问："你敢担保？"他斩钉截铁地回答："我担保。"他治学严谨、不尚浮华，为人谦和、虚怀若谷，从不以学术权威自居，更不以行政权力压人。在学术研究中，他始终身体力行倡导一种开放、民主与多元的学术氛围。他关心青年成长，曾给1985级毕业生题词"博学、多闻、慎思、明辨"。他也曾为学生自办刊物《经济初学》题词："调查研究，少说空话；端正文风，前程无尽。"他还为《天津社会科学》创刊十周年题词："博采众长，自成一家"。这正是他一生治学精神的真实写照。

滕维藻坦荡无私，胸襟博大，立德垂范、言传身教。1959年"反右倾"时，他敢于抵制一些错误做法。"文革"中，滕维藻遭受迫害，被作为"重点人物"进行错误批判，但他在危境中仍坚持实事求是，从来没有违心地写过落井下石、陷害同志的"证明材料"。在行政工作中，他平等待人，作风民主，善于听取各种不同意见，从

图 5　2002 年，滕维藻与国际经济研究所师生讨论学术问题。南开大学经济学院提供照片

不独断专行。"望之俨然，即之也温"是人们对他恰如其分的评价。他高风亮节，廉洁奉公，始终过着平淡俭朴的生活，从不搞特殊化。他的工资从 20 世纪 50 年代定级后不仅多年未动，而且他还自请降级二十余年。学校房改时，出售住房，他发现学校少收了自己一千元钱，多次请工作人员找房管处和财务处核实，补交上了这一千元钱。他在年届八旬时，仍坚持乘坐公交车去医院看病，为的是给学校节省开支。他在饱受癌症折磨的时候，却将医院千方百计寻求到的特效药品让给病情更为严重的病人。他说："药是治病的，谁病重谁先用，不能只想着自己，我现在用的药效果还不错，并不急需最新产品，再说那新药贵，我住院不能为学校工作，还花学校的钱治病，学校的钱要省着用。"生死关头，他首先想

到的是他人、是南开。滕维藻德行高尚，足为楷模。

滕维藻经常说："一个人对社会要多贡献，少索取。"他的一生踏踏实实地履行了这一平凡而伟大的人生格言，堪称践行"允公允能，日新月异"南开校训的光辉典范。

作者为南开大学校史研究室副研究员，著有《滕维藻传略》，收入中国高等教育学会组编：《共和国老一辈教育家传略》第2辑，高等教育出版社2015年版。

谦谦人瑞杨敬年

杨心恒

　　杨敬年，103 岁，是谓人瑞。人瑞不只杨老，然而出身贫寒、坎坷多难、牛津博士、经济学家、世界名人、著译等身而又虚怀若谷的人瑞，唯杨老一人尔。

　　我认识杨老是在 20 世纪 60 年代前期，那时候他是不著名且受到管制的"右派分子"，在政治经济学系资料室工作。我那时因为同意杨献珍的"合二而一"，被赶下讲台，到哲学系资料室当资料员。这两个资料室都在主楼三层，一东一西。因为我下台前一直在政经系教课，常去该系资料室看书。下台后又不甘寂寞，"不须扬鞭自奋蹄"，编写油印的《学术动态》，有些不懂的英文资料就去请教杨先生，他从来不拒绝，都是耐心地、小声地（资料室要静）给我讲解，直到我明白为止，如是者也只有两三次，不敢多请教，平时碰面也不打招呼。因为那个时候，两个有问题的人接触多了，会给自己和

图 1 杨敬年（1908—2016），著名经济学家、政治学家、翻译家。1948 年起任南开大学教授，79 岁加入中国共产党，86 岁告别大学讲台，90 岁撰写《人性谈》，93 岁翻译《国富论》，2004 年入选《世界名人录》。杨敬年亲属提供照片

对方惹麻烦。不过从那时我就知道这位牛津博士的学识渊博与为人谦和，打心眼儿里敬佩他。

清光绪三十四年（1908）十月十七日，杨敬年出生在湖南省湘阴县一个贫苦农民家。1924 年春考入湖南省立第一师范。1927 年春，北伐军打到长沙，黄埔军校在长沙设立第三分校招生，杨敬年这时是 19 岁的青年，被轰轰烈烈的大革命气势感染，决定要投笔从戎，打倒军阀，于是考入黄埔三分校步兵科。入伍 3 个月，接受了严格的军事训练。其间他看见汪精卫陪第三国际的人来校训话。共产国际的人怎么会来黄埔军校训话？因为那时候是国共合作，黄埔军校里也有共产党和共青团，都是公开的。杨敬年是个穷人，倾向共产党，

申请加入共青团，没有被批准。但是他矢志不改，直到 1957 年后他七十九岁时，南开大学党组织批准他的入党申请，成为一名中共党员。他说："这是我一生中最大的幸福。"这是后话。

杨敬年投笔从戎，打倒军阀的志愿因"马日事变"而破灭了。1927 年 5 月 21 日，驻守长沙的国民党反动军官许克祥叛变革命，屠杀共产党人和革命工农。三分校的共产党员、共青团员都撤离军校。杨敬年也要走，队长说，你又不是共产党，不要走。但他痛恨国民党军队屠杀工农，也以"请半个小时假"为名离开军校。离开军校后，他随军校同学、共青团员成本杭回到他的家乡湘乡县，戴了几天红袖章，闹了几天农会。因"马日事变"推及农村，农会被解散，白色恐怖笼罩，他在同学家蜗居了两个月。风声过后，他带着妻儿在湖南各地托亲友介绍，到小学教书或代课，聊以糊口。因为是逐食而居，每个地方待的时间都不长，居无定所，食无保障，就这样漂泊了几年。

1932 年杨敬年来到当时的首都南京，考入中央政治大学行政系。为什么考这所学校？这所学校不仅管吃管住，每年夏天还发两套黄咔叽布制服，冬天一套棉制服，出校门还有一身呢制服和一件呢子大衣。这对穷人杨敬年来说，简直是求之不得。入学时他已二十四岁，头一回过上不愁吃穿的日子。中央政治大学是国民党培养干部的学校，蒋介石任校长。有一次蒋介石来校点名，别的同学都很激动，杨敬年却漠然视之，因为他觉得蒋介石的形象不佳，太做作。

1936 年杨敬年从政治大学毕业。按培养目标，毕业后要到地方上去做官，但是杨敬年想继续深造，于是他报考了南开大学经济研

图2 杨敬年与南开经济研究所老校友合影。前排左起依次为谷源田、杨叔进、陶继侃。后排左起依次为刘君煌、杨敬年、鲍觉民夫妇。杨敬年亲属提供照片

究所的研究生。为什么要报考南开经研所？因为当时的南开经研所师资阵容强大，在这里任教的有：何廉、方显廷、李锐、张纯明、陈序经、王赣愚等著名学者，他们都是哈佛、耶鲁、威斯康星、伊利诺伊等世界著名大学的博士。而且南开经研所有洛克菲勒基金会的资助，研究中国物价指数和农村，研究成果在全国和世界都被认可和引用。杨敬年于1936年秋季入学，是该所第二届研究生，同届的有7名同学。入学后杨敬年就沐浴在南开精神之中，感到自由、

宽松，不像政治大学那样完全是军事化管理，压抑个性。至此杨敬年才体会到大学的滋味。南开规模不大，但能巍巍然卓立于中国大学之林者，盖因全校师生员工都能自觉践履"允公允能，日新月异"之校训也。

入学后研究生请校长张伯苓在登瀛楼吃饭，校长问了各人的名字。饭后送校长下楼，校长说："送客送到楼梯口，不要下楼，这是规矩。"十四年后，天津解放，张校长回到天津，杨敬年和几位校友又在登瀛楼请他吃饭，张伯苓问："杨敬年是不是从前经济研究所的研究生？"杨答："是。"那时候学生与校长的关系，由此可见一斑。至于学生与老师的关系，可以用"过从甚密"来形容。

经研所的研究生学制为两年，杨敬年应于1938年夏季毕业。1937年暑假他回到湖南老家没几天，七七事变爆发，华北沦陷，学校南迁，直到1938年2月，南开经研所仍无复学消息。这期间，迫于生计，杨敬年又以教书谋生。后来他接到方显廷老师的电报，要他到贵阳中国农村建设协进会工作。这年4月，他来到贵阳，当了不到一年的编译。此后又应南开经研所的老师张纯明、何廉、李锐的召唤，先后到国民政府行政院、农本局、财政部、三青团中央等部门工作。1944年考取第八届庚款留学，1945年8月离开中国，经印度乘海船，10月到达英国，入牛津大学攻读博士。

牛津大学是世界名校，治学严谨，生活条件优越。博士生住的是带套间的宿舍，一间卧室，一间书房。早晨有上了年纪的"学童"前来问安：Good morning, Sir！其实是叫起床。白天有女校工来房间打扫卫生，叠好被子。晚上"学童"又来道：Good night, Sir! 其实是说他要休息了。穷人杨敬年头一回过上贵族子弟生活。不过对

图3 1948 年杨敬年获牛津大学博士学位时留影。
杨敬年亲属提供照片

英国人拿中国的银子让中国学生读书与过这样的生活，杨敬年心知肚明，他要发奋学习，回来报效祖国。经过三年的努力学习，杨敬年拿到了只有一半学生才能拿到的博士学位。

获得博士学位后，杨敬年立即回国，1948 年 10 月回到南开。这时天津已被解放军包围。何廉当了两个月校长，辞职去了美国。他临走时给杨敬年留下些钱，说："你还年轻，要好自为之。"杨敬年决定留在天津，迎接解放。

1949年1月天津解放后，市军管会任命杨敬年为南开大学校务委员，兼天津市财经委员会委员。同年9月，他负责筹建财政系，任系主任。他自知是旧社会过来的人，思想和作风不适合新社会，就自觉地进行思想改造，参加夜大学习马列主义，自学俄文，参加拥护共产党的九三学社等，是一个积极向共产党靠拢的知识分子。

1957年，杨敬年被划为"右派分子"。在戴着"右派"帽子被改造期间，杨敬年翻译出版了《苏联国家预算》（俄文）、《英国议会》、《美国第一花旗银行》、《银行家》等12本书，由商务印书馆和三联书店等出版社出版。另外在中国恢复联合国合法席位后，他还奉命翻译联合国文件。从1957至1979年3月杨敬年被划为右派期间，他一共翻译出版300多万字的俄文与英文书籍和文件。除1981年商务印书馆出版的《银行家》外，其余的书都不能署杨敬年的名字。

图4　天津解放后，杨敬年创办财政学系兼任系主任。图为财政学系1952届毕业生合影纪念。二排左六为杨敬年。（杨敬年亲属提供照片）

1979 年 3 月，杨敬年的右派分子"予以改正"，71 岁的老人"获得了新生"，搁在普通人身上，那只不过是一种感觉；但在杨老身上，则是精神抖擞，脚踏实地地创业。

　　杨老在改革之初，就在全国高校中率先开设了发展经济学。这是一门中国急需的学问，它涵盖了经济发展的理论、经济发展的资金、经济发展的战略、经济发展与国际经济新秩序的建立等，都是中国进行改革开放和社会主义建设所面临的重大问题。这门学问在西方已有 30 多年历史，但是由于几十年的闭塞，中国没有，甚至闻所未闻。只有杨老，一直在阅读翻译西方书刊，比较了解。早在 1979 年以前，他就撰写《科学·技术·经济增长》一书（1981 年出版），为他开设发展经济学作了思想准备。1982 年开始，杨老率先在南开大学讲授西方发展经济学。没有教材，杨老一边授课，一边编写教材，历时 5 年，编写 54 万字的《西方发展经济学概论》出版，并获得教育部优秀教材奖。同时编译出版了 61 万字的《西方发展经济学文献选读》，选了 60 篇文章，都由杨老"自行翻译，忠实可靠"。另外，杨老还给经济学系讲授专业英语，连续讲了 13 年，直到 86 岁退休。

　　退休以后，杨老用两年时间撰写《人性谈》。不知者还以为他是写人生感悟，其实这是他科学研究的继续和领域的扩展。人性是人文社会科学的一个永恒的主题，杨老在宋儒天人合一的基础上，又从经济学、政治学、社会学、心理学、伦理学等方面，进一步全面论述人性，对多个学科都有贡献。

　　杨老 90 岁的时候，出版社约他翻译《国富论》。他觉得还有"余勇可贾，毅然答应"。英国古典经济学家亚当·斯密的 *The Wealth of Nations* 于 1776 年出版，是英国工业革命开始时期的著作，距今已

图5 杨敬年九旬高龄翻译的《国富论》成为畅销书。杨敬年亲属提供照片

有200多年。那时候的英国社会和英语习惯与现在大不一样，翻译这样的历史名著其实是再创作，需要有丰富的历史知识和深厚的语言功底才行。90高龄的杨老"毅然答应"后，每天凌晨3点起床，翻译到7点，得3000字译文。上午休息锻炼身体，下午校对。这样连续工作两年多，完成了这部74万字的巨著。出版后遂成为畅销书，印刷9次，计57000册。

年届百岁，杨老又发表了20多万字自传体的《期颐述怀》。杨敬年70岁以后，除了讲授两门课和带博士生之外，一共撰写和翻译出版约250万字的著作和文章，都是他亲手一个字一个字地写出来的。其工作量之大，水平之高，青年人都望尘莫及。

由于杨老晚年作出如此巨大贡献，被英国剑桥传记中心收入《21世纪 2000 个杰出知识分子》，2004 年又被美国马奎斯世界名人传记中心载入《世界名人录》，于是杨敬年的名字远扬世界各国。

俗话说人老是一宝，人瑞应是国宝，像杨老这样的人瑞，实为国之至宝。面对国之至宝，我能为他做点什么？以他为楷模，我能为国家和社会做点什么？我在思考……

作者为社会学家、南开大学社会学系教授。本文原载于《南开大学报》第 1435 期，2011 年 4 月 15 日。收入本书时做了摘录。

千古寸心事　欧高黎嘉陈

——陈省身先生的学术成就

张伟平

陈省身先生的重要学术成就

陈省身先生一生对于世界数学、中国数学的发展所做出的突出贡献有目共睹，他在数学领域的地位自然也是举足轻重。在此，我首先想引用杨振宁先生的一首诗《赞陈氏级》：

天衣岂无缝，匠心剪接成。

浑然归一体，广邃妙绝伦。

造化爱几何，四力纤维能。

千古寸心事，欧高黎嘉陈。

"千古寸心事"来自杜甫的诗句"文章千古事，得失寸心知"，而"欧

图 1 陈省身（1911—2004），20 世纪最伟大的数学家之一，被誉为"整体微分几何之父"。1930 年毕业于南开大学，1985 年创办南开数学研究所（现南开大学陈省身数学研究所），为世界数学、中国数学的发展做出突出贡献。陈省身数学研究所提供照片

高黎嘉陈"则是赞颂陈先生的历史地位直追前面四位大几何学家，欧几里得、高斯、黎曼、嘉当。这也给了我们一个参照物，我想就顺着这一条线来谈谈陈先生所做出的贡献以及它们的历史地位。

"欧"指的是欧几里得，我们现在通常说到欧几里得，都是在说他的数学著作《几何原本》。实际上欧几里得的原文叫"Elements"，就是原本，囊括了当时的整个数学。里面有两个最重要的定理，一个是平面三角形的内角和等于 180 度；还有一个是素数的个数是无限的，是数论的。凑巧的是 20 世纪，中国的两位伟大数学家，一位是陈省身先生，一位是华罗庚先生，分别对几何和数论做出了巨大的贡献。

"高"就是高斯（Gauss），他把欧几里得平面三角形内角和定

理推广到弯曲的（非平面的）曲面上的三角形上。后来 Bonnet 把这个公式推广到多边形以及边可以是任意曲线的这个情形，现在把这方面的推广叫 Gauss–Bonnet 定理。

Gauss–Bonnet 定理在高斯之后得到进一步推广就要说到黎曼，黎曼是数论大家，他所提出的黎曼猜想，目前是千禧年问题当中的第一个大问题，同时他也是函数论大家。而他对微分几何的贡献主要体现在当年他参加的一个教师资格考试，通过后就可以带自己的学生，相当于国内的博士生导师。在这篇很短的文章里，他引进了高维黎曼空间的概念，定义了高斯曲率在高维的推广，我们现在可以称为黎曼曲率。

黎曼提出了高维空间的概念，那么高维黎曼几何的发展需要对高维空间的对象有一个严格的描述，就是我们现在所谓的流形，第一个严格定义它的是 Hermann Weyl。他写了一本书，叫《黎曼面的概念》，就是把黎曼局部的想法用到黎曼面，变成整体的，就相当于我们原来把局部曲面弄成闭曲面一样。

陈先生曾经写过一个通俗报告，叫《从三角形到流形》，把几何学划分成几个时代，一个叫"原始人"，就是指欧几里得几何；后来笛卡尔来了，有代数工具了，有工具可以做的叫"穿衣人"；后来出现了流形上的几何，就变成了"现代人"。那么进入 20 世纪，有了流形的概念，自然就要问，如何做一个现代人，也就是如何发展流形上的几何？

这里要谈到的代表人物就是 Elie Cartan（嘉当），也就是"欧高黎嘉陈"的"嘉"。嘉当的主要贡献有很多，其中有一个贡献，是将局部微积分的理论推广到流形上去，称为外微分演算。陈先生在德国读完博士，就选择去巴黎跟随嘉当做博士后，在巴黎待了一年，苦读嘉当的文章，得到了他的精髓。嘉当的文章是出了名的难读，连 Hermann Weyl 都认为嘉当的文章很难读。嘉当的论文集有三大卷，每卷都很厚，陈先生说他至少可以读到百分之七八十。所以前两天我就给学生说，你要做老师的好学生，先要把老师的重要著作读好。

数学发展到这一步，下一步的关键就是要将二维几何里面最重要的 Gauss-Bonnet 推广到高维。其中就会碰到一个问题，要把高斯曲率的概念推广到高维，然后还要想办法证明想要的等式。第一个成功的是 Allendoerfor 和 André Weil。他们所做的研究从某种意义上说，可以说已经完成了 Gauss-Bonnet 定理到高维的推广，但并不尽如人意，可谓是"知其然，不知其所以然"。

而这时陈省身先生彻底解决了这个问题，这也被他认为是自己一生中做出的最重要的工作。陈先生用了所谓的单位球面丛，每一点就取单位长的切向量，这个是跟流形本身相关的，不需要嵌入另外的一个欧式空间去。本身任何一个黎曼流形，在每一点有个单位长的向量，就相当于你这头上有头发，你每一点这个头发就剪一个单位长的寸头，把这个拿出来就局部地变成一个单位球面丛。因为底下流形太难做，陈先生就把这个问题放到这个单位球面丛上做。陈先生历史上第一次把这个问题提到单位球面丛上去做，然后就把这个问题给解决了。这个思想就叫作 transgression，是陈先生历史上第一个引进的。后来他的学生吴光磊给这个思想取名叫"超渡"，就是你在底下做不到，你就到上面去做，做完了以后再把问题拉回来，非常形象。而将"超渡"的思想应用到具体的技术，是陈先生从嘉当那里学到的外微分演算。从哲学角度讲，陈先生的这个工作是（最早体现在 Gauss-Bonnet 定理里面的）局部与整体之间的内在关联在高维情形的发扬光大。

后来在这个工作被继续推广的过程中，陈先生又定义了以他的名字命名的示性类 Chern class。这个 Chern class 按陈先生自己所说，是他某个周末到图书馆去，突然来的灵感，这也许是大师谦虚的话，但 Chern class 所带来的影响有目共睹。例如它对于被誉为 20 世纪最重要数学定理之一的 Atiyah-Singer 指标定理、丘成桐获得菲尔兹奖的工作（即解决 Calabi 猜想）以及近期傅吉祥 – 丘成桐在非凯勒流形上的开创性工作，都起到了根本的作用。陈先生的数学贡献的重要性不言而喻。

除了 Chern class，陈先生另外一个极具影响、开天辟地的工作，就是定义了 Chern-Simons 示性式。Chern-Simons 在物理层面、代数几何层面都有着十分深远的影响，这里面最值得一提的就是 Edward Witten。他提出所谓的 Chern-Simons 量子场论，用来研究纽结理论的 Jones 多项式，获得了数学中的最高奖，是目前唯一得到数学菲尔兹奖的物理学家。而 Witten 的这篇文章最早是发表在杨振宁先生和葛墨林院士编的这本书里面，后来才发表在 CMP 上，所以我们数学所也算是做出了一个间接性的贡献。

综上所述，杨振宁先生的名句"千古寸心事，欧高黎嘉陈"非常到位，陈省身先生在世界数学史上的地位毋庸置疑。

陈省身先生对中国数学的贡献

1946 年至 1948 年三年间，陈先生在上海的中研院数学所，培养了一批青年人才，当中最突出的当数吴文俊先生。

按陈先生自己回忆，中研院数学所成立之初是姜立夫先生任所长，姜先生赴美国后，陈先生任代理所长。他认为第一要务是要培养新人，所以他给各个著名大学的数学系发函，请他们推荐三年内最优秀的学生来，结果很多人响应，可见陈先生当时的威望已经是非常高了。

在吴文俊先生回忆陈先生的文章中写道，当初拓扑学是公认的难学，但是他跟陈先生第一年学完以后，就做出了拓扑学的文章，并且发表在 Annals 上。很多人都觉得不可思议，但他说这并不奇怪，正好说明陈先生善于指导（当然也说明吴先生才华横溢）。然后吴先生指出，凡事必须从根本做起，尽管陈先生的主要目标是大范围微分几何，但在中研院数学所的三年期间，对年轻人却没有讲，因为他要做更基础的东西，致力于代数拓扑方面的培养。吴先生还特别指出，中研院的数学所的三年，陈先生为我国培养了一批拓扑学的骨干，这是解放前对中国数学的贡献。

20 世纪 70 年代陈先生回国后，提出了一系列建议帮助中国数学的进步。第一步就是促成青年数学家出国访问，1978 年，陈先生亲自邀请中国科学院的王启明、彭家贵访问伯克利，打开了青年数学家赴美访问的先河。

后来国家决定推选五十人出国，陈先生就推荐张恭庆到纽约，推荐姜伯驹到普林斯顿，最终是五十二人成行，是陈先生硬塞了两个进去。张恭庆先生、姜伯驹先生后来都成为中国数学界的领军人物。

彭家贵老师曾与我提起那次出国经历，当时两个年轻人第一次坐飞机出国，很是忐忑，但一下飞机就看见了陈先生来接他俩，心里的大石头一下子就落了地。或许是第一次有中国学者到访，当地媒体着实宣传了一番。后来陈先生还专门就此事写下手记："一九七八年家贵九月来加州共做研究，盼为中国数学有意义之史实。"当然彭老师也没有辜负陈先生的培养，除了他自己做出了杰出的研究工作以外，他的学生唐梓洲获得了 2020 年度的发展中国家科学院（也就是原来的第三世界科学院）数学奖。我们可以把它看成是一个美丽的回声，回应了陈先生当初的创举。

第二步就是改革开放以后，连续七年，1980 年到 1986 年，所谓的双微年（微分方程 + 微分几何年），请国外的一大批相关专家来和国内的同行交流，大大促进了国内微分几何和微分方程的发展。

陈先生当时请来的有菲尔兹奖的获得者 Atiyah、Bombieri，沃尔夫奖获得者 Bott、Griffiths，阿贝尔奖获得者 Lax，以及数学名家 Singer、Kohn 等，国内作大会报告的有华罗庚华老、吴文俊先生和谷超豪先生。当时请来这些人并不是草草亮相做一个报告就完事了，Bombieri 在这期间写下的文章有 100 多页，Bott 的文章 50 页，陈先生自己的文章也多达 100 多页，都是很认真地在做贡献。

这里面我想提一下 Nirenberg，他和陈先生关系很好，陈先生去世以后，国际数学联盟在国际数学家大会上设立陈省身奖章，Nirenberg 是第一个获奖人。他对陈先生的回忆很有意思，他觉得和陈先生在一起做什么都是好的，就连跟陈先生一起在中国餐馆吃饭，都是一个美妙的经历。一个有名的故事是第一届双微会议期间，陈先生请包括 Nirenberg 在内的一批数学家去前门吃饭，Nirenberg 说这辈子没吃过这么好吃的饭，念念不忘下个礼拜带着人又去吃，结果说我都吃的是一样的饭，点的是一样的菜吗？怎么菜的味道完全不一样。

陈先生自己对吃这件事也颇为得意，不否认自己是个"美食家"。当年我在伯克利数学所念博士后时，陈先生有一次跟我开玩笑说："张伟平，数学，我不知道你能从我这里学到多少；吃，你要好好学学。"

陈省身先生在南开大学的创举

1984 年 8 月，陈省身先生正式受聘为南开数学所所长。受聘仪式结束后，邓小平同志在人民大会堂宴请了陈先生，当时还有丁石孙先生、何东昌教育部长、陈师母以及胡国定先生。

胡先生我在这里要着重提一下，当年胡先生三顾茅庐到伯克利，请陈先生到南开来创办数学所，对于南开数学所的创立这两个人可谓是缺一不可，二人为南开数学所的创立通过书信来来回回进行了很多次交流。陈先生曾对胡先生说："南开数学研究所有你推动，前途当无量，当对国家有重大贡献，如有可为之力，当尽力帮忙。"

后来陈先生亲自写了所名，吴大任提出、陈先生认可一起确定了办所方针是"立足南开、面向全国、放眼世界"。这就表示南开数学研究所不只是面向南开，是要对全国服务的。

在数学所的成立仪式上，这位已七十五岁的老人，请大家想象自己怀抱着仅仅一岁的"婴儿"，会是怎样一种心情。他说："为中国数学、南开数学，我将鞠躬尽瘁，死而后已。"陈先生践行了自己的诺言。从 1985 年到 1995 年，在陈先生的推动下，南开数学研究所举行了十二次意义深远的学术年活动。1987 年，陈先生更是

图2 1985年南开数学所成立，陈省身（前排居中）担任首任所长，前排左四为吴大任，前排右一为胡国定。陈省身数学研究所提供照片

力邀杨振宁先生来南开建立理论物理研究室，实现了数学与物理的高度结合。

1988年8月，在21世纪中国数学展望会议上，陈省身提出了"中国在21世纪成为数学大国"的猜想，并争取到了一项专项基金，叫数学天元基金。会上北大的程民德老先生代表中国数学界作了题为《让中国数学率先赶上国际先进水平》的主题报告，里面提到，当代数学家陈省身教授多次提出，"只要大家努力，路子对头，那数学科学完全可以率先赶上世界先进水平"。程民德老先生表示，我们愿意看到陈先生的这一愿望变成现实。

谈到促进中国数学的进步与发展，就不得不提到数学界最重要的大会——国际数学家大会（ICM）。1993年陈先生和丘成桐先生一起提出在中国举办国际数学家大会（ICM）的建议。1998 年在德国召开的国际数学联盟会议上，中国获得了主办权。2002 年的国际数学家大会以第一次有国家最高领导人出席开幕式而载入史册。

图 3 陈省身为《数学教学》杂志创刊 30 周年题词

我还记得 2000 年 1 月 12 日，陈师母在南开寓所去世，第二天，我去看陈先生，陈先生那时候眼泪还在眼眶里打转，心情十分悲痛，但他还是忍住不让眼泪掉下来。他说我现在就做好两件事，第一件是办好国际数学家大会，第二件事就是办好南开数学所。

陈先生是那次国际数学家大会的名誉主席，在 2002 年 ICM 会上致辞时，他最后说道："孔夫子的儒家思想对中国有着两千多年的影响。其主要学说是'仁'，从字形上看就是'二人'的意思，也就是说要重视人际关系。现代科学具有高度竞争性。我想，如果注入人的因素，将会使我们这一门学科更加健康、更加有趣。"

如果从人的角度来考虑，"Chern class"就是"陈班"，涵盖陈先生一生培养出来的学生，以及学生的学生，等等。刘克峰有一篇纪念陈先生的文章，题目就叫"我们都属于'陈类'"。

陈先生两个最著名的学生，大家都知道，一个是吴文俊，一个是丘成桐，这是"Chern class"两个最具代表性的人物。在南开实际上也有一个"Chern class"。侯自新老校长在《天津日报》上发了一

图 4　陈省身与部分数学学科教师及弟子在南开大学宁园。左起依次为龙以明、陈永川、陈省身、侯自新、张伟平。陈省身数学研究所提供照片

篇纪念文章，里面就谈到这个南开数学试点班。试点班是国家教委批复的，实际上陈先生为帮助南开大学发展，一是成立数学所，同时建议成立数学试点班。陈先生是两个拳头同时并进的，不是说只办了数学所，也为数学教育、为南开的本科教育做了很大的贡献。

陈先生还曾为试点班亲自上课，注入了很多的心血。试点班也培养了一批人才，这里仅列举两位：一个是朱朝锋，现在在南开；一个是关启安，现在在北大。朱朝锋教授跟龙以明院士有一篇论文发表在顶尖杂志——*Annals of Mathematics* 上，如果我没记错的话，这应该是改革开放以后在 *Annals of Mathematics* 上全部署名中国大陆单位的第一篇文章，一时传为美谈。

关启安教授是跟周向宇院士合作，他们在 *Annals of Mathematics*

图 5 陈省身先生为南开大学本科生讲座。陈省身数学研究所提供照片

发的文章解决了 Demailly 的一个所谓强开性猜想——"strong openness conjecture"。美国的 *Mathematical Reviews* 里面评论他们的工作是：近年来复分析和代数几何"交叉方面"最伟大的成就。2016 年，习近平总书记在两院院士大会上的讲话中提到中国的科学，多复变函数论和其他一些科学突破一起，为我国成为一个有世界影响的大国奠定了重要基础。我想总书记这样说，不光是要表扬周向宇，也是表扬从华罗庚华老开始的，一代、几代科学家在多复变方面的传承。当然陈先生优秀的学生还有很多很多，在这里我就不一一列举了。

我们很高兴地看到，自陈先生 1981 年在《自然杂志》上发表《对中国数学的展望》以来，中国数学业已取得了巨大的进步。如《中国新闻周刊》2021年4月报道的，所谓的数学"黄金一代"已经涌现。

"冬天到了，春天还会远吗？"相信在不久的将来，"中国成为数学大国、强国"的"陈省身猜想"一定会被解决，相信到时陈先生的在天之灵也会欣慰的。

"待到山花烂漫时，她在丛中笑"，愿我们的年轻人一起努力，为"陈省身猜想"的彻底解决做出自己的贡献。

作者为中国科学院院士、发展中国家科学院院士、南开大学教授，于2004—2008年任陈省身数学研究所所长，系陈省身先生的博士生。本文原载于《天津日报》，2021年12月20日，由《天津日报》记者徐雪霏根据录音资料整理。收入本书时做了摘录。

我与荷花及南开的因缘

叶嘉莹

我出生于荷月，故小字为"荷"，因此平生对于荷花情有独钟。自少年时代即写有咏荷之作。对于荷之出泥不染、中通外直之美质，尤为爱赏。

1969年，因种种机缘，乃于无意中竟然落足到了加拿大的温哥华，此一城市地近太平洋之暖流，气候宜人，百花繁茂，而独鲜植荷者。而我既以"荷"为小字，终身对荷情有独钟，遂对温哥华之不见荷花未免心有所憾。20世纪70年代初归国探亲，其后又应邀在国内各地讲学，每睹新荷辄思往事。而在祖国所见的各地荷花中，则以南开大学马蹄湖中之荷花予我之印象最为深刻。盖因南开大学所建之专家楼与马蹄湖相距甚近，我当年在专家楼居住时，最喜在马蹄湖边散步，曾写有诗词多首。

写到此处，我就不得不将我回到南开来教学的前后因果略加叙述。

图 1 叶嘉莹（1924—2024），号迦陵，南开大学讲席教授、中华诗教与古典文化研究所所长、中央文史研究馆资深馆员、加拿大皇家学会院士，国际著名教育家、诗人，中国古典文学研究泰斗。她几乎捐献了个人的全部财产，设立"叶氏驼庵奖学金""永言学术基金""迦陵基金"，以推动中国古典文学的研究与传承发展事业。曾获"影响世界华人大奖"终身成就奖、"感动中国 2020 年度人物"。作者提供照片

原来 1970 年加拿大与中国建交后，我就曾申请回国探亲，1974 年获得批准，我遂于是年暑期经过旅行社的安排于去国 26 年后，终于得到了一次回国探亲旅游的机会。当时我曾写有一首七言长古《祖国行长歌》。诗长有 2000 字以上之多，就时间而言，包括了 20 余年生离死别的经历；就空间而言，包括了我离开祖国大陆后 20 余年来飘转于中国台湾地区及美国、加拿大各地的经历和生活。由我少年时所经历的战时流离之苦，到当时看到祖国的崛起壮大，心中自然是充满兴奋之情。只不过当时尚在"文革"之中，我心想以后我大概只能回国探亲旅游，而再也没有回到祖国来贡献我自己之所学的

机会了。所以此诗开端所写的虽是"卅年离家几万里，思乡情在无时已，一朝天外赋归来，眼流涕泪心狂喜"的欣喜之情，但在结尾处所写的则是"雕虫文字真何用，聊赋长歌纪此行"的自我失落之感。谁知世变无常，1976年就发生了巨变。当1977年再度回国探亲旅游时，我就动了申请回国教书的念头。1978年我写好了申请信，步行到街口去投寄时，曾经写了两首绝句，题曰《向晚二首》，诗如下：

其一

向晚幽林独自寻，枝头落日隐余金。

渐看飞鸟归巢尽，谁与安排去住心。

其二

花飞早识春难驻，梦破从无迹可寻。

漫向天涯悲老大，余生何地惜余阴。

申请信寄出后不久，我就从海外版的《人民日报》看到了一则令人振奋的消息。消息说原先在南开大学任教的李霁野教授在"文革"中一度被批判，现在已经复出任教了。兴奋之余，我立即给李先生写了一封信，告诉他我现在正在申请回国教书。不久，我接到了李先生的回信说祖国形势大好，我就又写了两首诗，名曰《再吟二绝》，如下：

其一

却话当年感不禁，曾悲万马一时喑。

如今齐向春郊骋，我亦深怀并辔心。

其二

海外空能怀故国，人间何处有知音。

他年若遂还乡愿，骥老犹存万里心。

1979年教育部批准了我回国教书的申请，并安排我到北京大学教书。于是，我于这一年春天回到了国内。我先在北京大学教了一段时间，不久就应李霁野先生之邀转到了南开大学。

南开的老师和学生都极为热情，我曾为此写了在南开教书的纪事绝句，有24首之多。初到南开时正值唐山地震之后，操场上还留有一片防震棚，可谓百废待兴。但老师与学生则莫不满怀热情，对

图2 1979年，叶嘉莹(前排居中)第一次来南开讲学时，与时任校长杨石先(前排右二)、外文系主任李霁野（前排右一）、中文系主任朱维之（前排左一）等人合影。作者提供照片

一切事都充满了理想和期待。

　　1979 年当日的满园桃李如今都已各有成就，这当然是件值得欣喜的事。不过 30 年来国内社会也发生了不少变化，我所盼望的是我们仍都能葆有当年那一份充满了理想和期待的纯真的本心，所以说"未应磨染是初心"。"磨染"典出于《论语·阳货》："不曰坚乎，磨而不磷；不曰白乎，涅而不缁。"而这种不磷不缁的风骨则正与我们在本文开端所提到的"荷"之"出泥不染、中通外直"的品性颇有相似之处。南开之吸引我的除了李霁野先生之邀聘的一份殷切的情谊以外，南开马蹄湖的一片荷塘以及由此一片荷塘所孕育和影响出来的一种精神和风骨也都有其足以引人赏慕之处。更为难得的是，南开的校领导大多对诗歌有着浓厚的兴趣。记得我于 1979 年初到南开来的时候，南开的校长是位著名的老化学家杨石先教授。我初次见到杨校长，他就送给我一册线装的极精美的李清照的词集。南开的友人告诉我说，杨校长对旧诗词极为喜爱，枕边案头经常置有诗词文集，甚至外出开会也会携带一册诗词集作为旅途中休闲的读物。另外，吴大任校长与其夫人陈鷖教授也极为喜爱诗词，20 世纪 80 年代初，我在南开讲课时，他们夫妇常来班上旁听，还曾介绍我为他们的一位已逝世的好友石声汉先生的遗著《荔尾词存》撰写了序言。龚克校长也是一位诗词爱好者，每次见面经常与我谈论诗词，而且有一次开会，他走在我的身边还竟然顺口背了我的一些诗作。我对理科出身的领导能对旧体诗词有如此浓厚的兴趣和修养，实在感到钦佩不已。至于中文系出身的陈洪校长则更是博学多才，几乎可以说是诗文词赋无所不能。2011 年有一位南开历史系的校友张候萍女士编写了一册访问我的文稿，曾将草稿呈交陈校长，请求指正。陈校长批阅后竟然写了三首诗送给我，诗的题目是《读叶嘉莹先生〈谈诗忆往〉有感而作绝句三章》。陈先生这三首诗使我非常感动。

　　关于研究所的成立，陈先生也曾给予了大力协助。原来校方提出来想要成立研究所，并拟聘我为所长。在最初我原不肯应承校方此一请求，盖因我自己深知除了教书以外，我其实别无所长，更从来没有担任过任何行政工作，所以最初我原持坚拒之态度。而当时南开外事处的逢诵丰处长则有他的一个理想，就是要把汉教中心从语言教学提高到一个科研层次，当时母国光校长也支持逢处长的设想。于是多方劝说要我担任此职务，说校方会为我安排得力的老师作为

图3　1999年10月，南开大学举办中国古典文化研究所大楼落成仪式。左起依次为：时任副校长王文俊、原中文系主任郝世峰、叶嘉莹先生、书法家谢琰、时任校长侯自新、蔡章阁长子蔡宏豪、时任副校长陈洪。南开大学新闻中心提供照片

副所长来担任实际工作。于是在多方劝说下，我就表示了同意。

温哥华有一位热心中华传统文化的实业家蔡章阁老先生愿为我捐资在南开大学兴建一座中华古典文化研究所的教学楼。其后研究所建成，一切遂得顺利进行。我在对蔡先生及南开校方表示感谢之际，也当即决定把我从国外所领到的退休金的一半10万美元（当时约合人民币90万）捐给研究所设立了奖学金。

研究所大楼于1999年正式落成，次年我应澳门大学之邀去参加澳大举办的首届词学会议，并担任会议的首席主讲员。会后宴请席上又得与澳门实业家沈秉和先生夫妇同席，沈先生即席提出要为研究所捐款之事，不久就从澳门邮汇过来100万元人民币作为研究所购买书籍及设备之用。从此研究所的一切工作遂得顺利展开。温哥华的友人，如梁珮女士及朱宗宇先生皆曾惠予协助，更有蔡章阁老先生之长公子、在香港的蔡宏豪先生也在研究所设立了儒学奖学金。我对南开校方、蔡先生和沈先生以及诸多热心学术的友人们，实有不尽的感激之情。

1979年我开始回国赴各地讲学时，曾写有一组小诗《赠故都师友绝句十二首》，其中一首诗云：

> 构厦多材岂待论，谁知散木有乡根。
>
> 书生报国成何计，难忘诗骚李杜魂。

我原是抱着书生报国的理想回来的，因此多年来我都是自费回国在国内各地义务讲学，未曾收受过任何报酬。及至研究所成立，有了正式的研究生，而且当时国内各大学的经费也逐渐宽裕以后，南开大学遂在我每年回国授课期间发给我生活费，而旅费仍由我自己承担。直到我所教得较早的两位研究生获得了硕士学位时，都是如此。其后招收的硕士、博士学生渐多，校方遂开始提出愿为我负担往来机票旅费。近年又因我年事渐高，校方遂又将原来负担的经济舱的旅费改成了商务舱旅费。我对南开校方多年来给我的支持与照顾一直深怀谢意。

研究所的大楼建成后，我仍住在专家楼。有一天，我到马蹄湖边去散步，当时已是凉风萧瑟的秋天，面对着"菡萏香销翠叶残"的景象，我虽然也不免有自伤迟暮之感，可是想到研究所既已经建成，而且又得到了各方面的支持和赞助，心中自然也不免有一种欣幸感激之情。于是乃即兴吟成了一首七言绝句，诗曰：

萧瑟悲秋今古同，残荷零落向西风。
遥天谁遣羲和驭，来送黄昏一抹红。

又有一天，我从住所的专家楼向新建成的研究所的办公楼走去时，蓦然听到遥空的几声雁唳，举目望去正有一队排成"人"字形的雁阵由北向南自高空飞过，于是顺口吟成一首小词《浣溪沙·为南开马蹄湖荷花作》，词曰：

又到长空过雁时，云天字字写相思。荷花凋尽我来迟。
莲实有心应不死，人生易老梦偏痴。千春犹待发华滋。

人生易老而情意长存，我虽然已如秋荷之即将摇落，但也依

图 4 2007 年，叶嘉莹在南开大学马蹄湖畔留影。作者提供照片

然记得当年听讲《妙法莲华经》时的那两句"花开莲现，花落莲成"的偈语。私意以为"花落莲成"盖可以有两层意蕴，一者为自己之证果，另一者则为传继之延续。

今岁我已行年九十，虽幸而身体尚未全衰，仍可乘飞机来往于大洋两岸，也仍能开筵授课，不过毕竟精力日减。于是乃有关心我的两位友人，温哥华的刘和人女士与澳门的沈秉和先生提出了要向南开捐献一笔启动资金为我之晚年安排一个可以集科研、教学与生活居住为一体的住所。此一提议立即得到了南开校方的热情回应，而且因为我喜爱荷花，校方更为我选择了一处与马蹄湖相近的所在作为以后修建学舍的基地。我一生漂泊、半世艰辛，早岁写诗曾有"入世已拚愁似海，逃禅不借隐为名。伐茅盖顶他年事，

图5 叶嘉莹先生与时任南开大学党委书记薛进文共同为"迦陵学舍"揭牌。南开大学新闻中心提供照片

生计如斯总未更"的诗句。当我飘零在外时，一心想要归去的原是北京的老家，但我在北京察院胡同的老家早于十年前就被拆除，我的两个弟弟也早已相继去世，现在我的故乡早已无家可归。乃今竟在迟暮之年蒙受到友人和南开大学如此关怀的厚爱，真是衷心感激难以言说。我自思我所能答报大家的只有继续为传承中华文化而努力。昔杜甫曾有诗句云："盖棺事则已，此志常觊豁。"我愿为传承诗词中之文化生命而努力的愿望，盖亦有类乎是。

　　最后，我愿以一首小诗来记写我与南开大学马蹄湖的一份情谊。诗曰：

结缘卅载在南开，为有荷花唤我来。

修到马蹄湖畔住，托身从此永无乖。

诗中所说的"永无乖"，就我而言，其实包含了三重意愿：其一自然是表示我将长久以此为家而不再远离；其次则也暗喻着我将以湖中荷花的君子之德自相惕厉，永无乖违；其三则我还有更深一层的意喻，那就是我在前引诗文中之所说的"莲实有心应不死""千春犹待发华滋"的对于继起青年学子们的祝愿。诗虽不佳，但那确实是我真诚的一片心意。

作者为中国古典文学研究专家、诗人，南开大学中华诗教与古典文化研究所所长。本文选自沈立岩主编：《为有荷花唤我来——叶嘉莹在南开》，中国大百科全书出版社 2022 年版。收入本书时做了摘录。

后记

　　南开大学是一所具有悠久历史文化底蕴的著名学府。百余年来，南开始终把培养具有"爱国爱群之公德，服务社会之能力"的人才奉为圭臬，涌现出大批名家大师与国之栋梁。在灿若星辰的历史长河中，一代代南开人把个人的命运同国家民族的命运紧密相连，守正创新、奉献担当，书写了极不平凡的光辉篇章。

　　历史是最好的教科书。南开大学校史工作坚持把"以史鉴今、资教育人"作为根本任务，注重传播校史编研成果，向中国和世界讲好"南开故事"。这本《南开大学》就是向广大读者介绍南开先贤、大师、英才爱国奋斗历程的一本普及性读物，也是我们面向大众讲好"南开故事"的有益尝试。

　　本书内容以当事人或其后代、学生回忆为主，少数是研究者撰写的文章。为保证全书体例统一，略去了一些文章中原有的注释。

本书主编刘景泉提出框架思路并统改了全书，徐悦、张鸿、王昊、陈鑫参与了编辑工作。

南开大学党委常委、宣传部部长李向阳始终关心本书的编写，学校档案馆、新闻中心和张伯苓研究会都给与了大力支持，许多南开专家学者或为本书提供资料图片，或提出宝贵意见，在此一并表示衷心的感谢。

编者

2024 年 5 月